Manfred Güllner
Die Grünen

Manfred Güllner

Die Grünen

Höhenflug oder Absturz?

HERDER

FREIBURG · BASEL · WIEN

MIX
Papier aus verantwor-
tungsvollen Quellen
FSC® C106847

© Verlag Herder GmbH, Freiburg im Breisgau 2012
Alle Rechte vorbehalten
www.herder.de

Satz: Layoutsatz Kendlinger Mediendesign, Freiburg
Herstellung: fgb · freiburger graphische betriebe
www.fgb.de

Printed in Germany

ISBN 978-3-451-30674-7

Inhalt

Einleitung 7

1. Die Entstehung der Grünen 13

2. Die Wähler der Grünen 39
   Die Wahlen in den alten Bundesländern:
   1979 bis 1987 39
   Die Wahlen im wiedervereinten Deutschland 55

3. Die Entwicklung des grünen Wählerpotenzials
   seit 2009 67
   Die Stärke der Grünen bei den Landtagswahlen
   seit 2009 67
   Die Grünen auf lokaler Ebene 75
   Die Grünen in den Umfragen seit 2009 82

4. Das Wählerpotenzial der Grünen 2012 87

5. Die Macht der Grünen 105
   Die Dominanz des „grünen" Zeitgeistes 105
   Die „grünen Helfershelfer" 122

6. Die „grüne Diktatur" und ihre Auswirkungen
   auf das politische System 135

7. Fazit und Ausblick 167

Dank 174
Literaturverzeichnis 176
Endnoten 178

Einleitung

Bei der Bundestagswahl im September 2009 haben 4,6 Millionen Wähler der Partei der Grünen ihre Stimme gegeben. So viele Stimmen haben die Grünen noch nie bei einer anderen bundesweiten Wahl erhalten, seitdem sie 1979 zum ersten Mal bei einer Europa- und 1980 zum ersten Mal bei einer Bundestagswahl kandidierten. 4,6 Millionen Wähler: Das sind 7,5 Prozent aller Wahlberechtigten oder 10,7 Prozent der – für die Berechnung der Mandate im Bundestag entscheidenden – abgegebenen gültigen Stimmen. 68 grüne Abgeordnete sitzen seit 2009 im Deutschen Bundestag – so viele wie nie zuvor. Zum Vergleich: Im ersten gesamtdeutschen Parlament 1990 saßen nur acht „grüne" Abgeordnete. Das war deshalb der Fall, weil in den damaligen getrennten Wahlgebieten (alte und neue Bundesländer) nur das Bündnis '90 in den neuen, nicht jedoch die originären Grünen in den alten Bundesländern mehr als 5 Prozent der gültigen Stimmen erhielten.

20 Jahre nach der Wiedervereinigung hat sich das aber längst wieder umgekehrt: In den neuen Ländern sind die Grünen schwach (ihr Anteil schwankt – bezogen auf alle Wahlberechtigten – zwischen 4,3 Prozent in Sachsen und 3,0 Prozent in Sachsen-Anhalt). In sechs der alten Bundesländer hingegen lagen die Werte der Grünen bei der Bundestagswahl 2009 deutlich über dem gesamtdeutschen Durchschnitt von 7,5 Prozent: In Baden-Württemberg wurden die Grünen von 10, in den drei Stadtstaaten Bremen, Hamburg und Berlin sogar von mehr als 10 Prozent der Wahlberechtigten gewählt. Jeweils auf rund 9 Prozent kamen die Grünen in Schleswig-Holstein und Hessen, auf rund 8 Prozent in Niedersachsen und Bayern. Etwas unter dem bundesdeutschen Durchschnitt lagen die Grünen bei der

Bundestagswahl 2009 in Nordrhein-Westfalen und Rheinland-Pfalz. Deutlich unter dem durchschnittlichen Ergebnis in ganz Deutschland und nahe an dem Wert der ostdeutschen Länder war der Anteil der Grünen 2009 nur im Saarland.

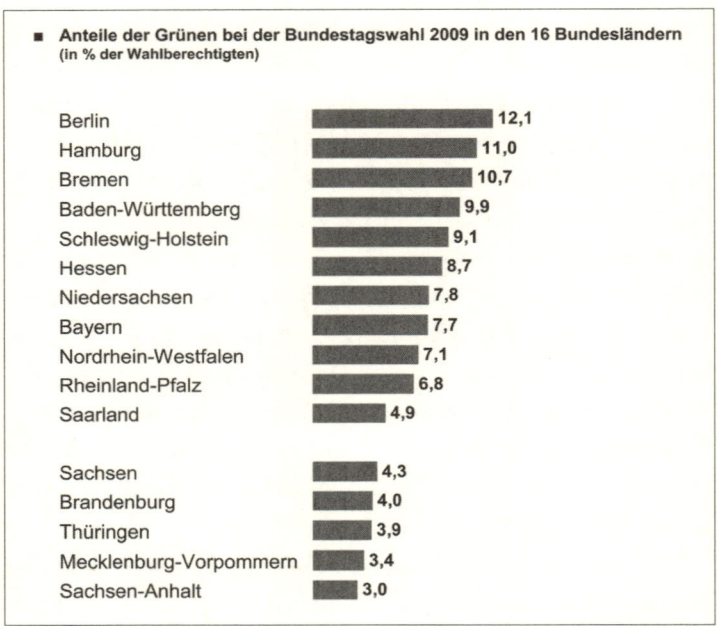

■ Anteile der Grünen bei der Bundestagswahl 2009 in den 16 Bundesländern (in % der Wahlberechtigten)

Berlin	12,1
Hamburg	11,0
Bremen	10,7
Baden-Württemberg	9,9
Schleswig-Holstein	9,1
Hessen	8,7
Niedersachsen	7,8
Bayern	7,7
Nordrhein-Westfalen	7,1
Rheinland-Pfalz	6,8
Saarland	4,9
Sachsen	4,3
Brandenburg	4,0
Thüringen	3,9
Mecklenburg-Vorpommern	3,4
Sachsen-Anhalt	3,0

Im Sommer 2012 sind die Grünen auch in allen 16 Landtagen vertreten. An fünf Landesregierungen (Schleswig-Holstein, Bremen, Nordrhein-Westfalen, Baden-Württemberg und Rheinland-Pfalz) sind sie beteiligt und stellen mit Winfried Kretschmann sogar einen der 16 Ministerpräsidenten der Republik.

Allein von der Zahl ihrer Wähler her gesehen sind die Grünen in Deutschland weitaus stärker als in vergleichbaren Ländern wie Frankreich (hier wurden die Grünen bei der Parlamentswahl 2012 nur von 2 von 100 Wahlberechtigten gewählt), Großbritannien (wo 2010 nur 0,7 Prozent der Wahlberechtigten die grüne Partei wählten), Spanien oder Italien (wo es keine originäre grüne Partei mehr gibt).

Mehr Stimmen als in Deutschland erhalten grüne Parteien nur in Luxemburg und Österreich. In Belgien spielen die Grünen noch eine Rolle, sind aber – wie das Land insgesamt – gespalten in zwei Parteien: „Groen" in Flandern und „Ecolo" in Wallonien. In den meisten anderen europäischen Ländern aber erhalten die Grünen – wenn sie überhaupt als Partei existieren – deutlich weniger Stimmen als die deutschen Grünen. In Schweden wurden die Grünen von 6, in Finnland und den Niederlanden von 5 von 100 Wahlberechtigten gewählt.

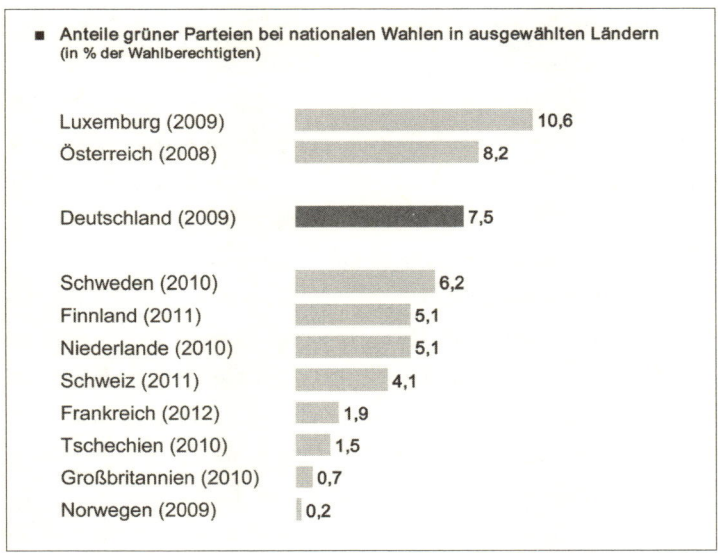

■ Anteile grüner Parteien bei nationalen Wahlen in ausgewählten Ländern (in % der Wahlberechtigten)

Luxemburg (2009)	10,6
Österreich (2008)	8,2
Deutschland (2009)	7,5
Schweden (2010)	6,2
Finnland (2011)	5,1
Niederlande (2010)	5,1
Schweiz (2011)	4,1
Frankreich (2012)	1,9
Tschechien (2010)	1,5
Großbritannien (2010)	0,7
Norwegen (2009)	0,2

In den beiden skandinavischen Ländern Dänemark und Norwegen gibt es überhaupt keine grüne Partei oder die grüne Bewegung spielt so gut wie keine Rolle (in Norwegen wurden die Grünen z.B. 2009 nur von 0,2 Prozent aller Wahlberechtigten gewählt). In der Schweiz wird die grüne Partei von deutlich weniger Wählern unterstützt als in Österreich. Und auch in osteuropäischen Ländern wie Tschechien oder Polen gibt es keine grüne Partei oder die Grünen werden nur von einer kleinen Minorität gewählt.

Doch der Einfluss der grünen Bewegung geht in Deutschland – anders als in den meisten anderen Ländern – weit über das Maß hinaus, das ihr aufgrund ihrer Wähleranteile an sich zukäme. Ursprünglich originäre „grüne" Themen – wie der Umwelt- und Klimaschutz, eine Umdeutung des Fortschrittsbegriffs, die Diskreditierung von Mobilitätschancen durch Auto oder Flugzeug sowie von Groß-Technologien, die Lobpreisung von „Nachhaltigkeit", Dezentralisierung oder von antiparlamentarischen Partizipationsformen etc. – beherrschen heute die öffentliche und politische Diskussion.

Eines der markantesten Beispiele für eine solche Übernahme von Zielen und Inhalten der grünen Minorität durch die anderen politischen Lager ist die abrupte Kehrtwende, die im Frühjahr 2011 in der Energiepolitik vorgenommen wurde. Nicht mehr der lange zwischen der Mehrheit der politischen Akteure herrschende Konsens, nämlich für eine flächendeckende, sichere und bezahlbare Versorgung der Bürger und der Wirtschaft mit Energie Sorge zu tragen, hatte Priorität, sondern es ging nur noch um den möglichst schnellen Ausstieg aus der Kernenergie. Unter dem Eindruck des Reaktorunfalls in Fukushima übernahmen alle Parteien – auch das „bürgerliche" Lager aus CDU/CSU und FDP – ein zentrales Ziel grüner Politik und zwangen so ein Anliegen der grünen Minorität der nicht-grünen Mehrheit in der gesamten Gesellschaft auf.

Der vormalige Umweltminister Norbert Röttgen begründete diese abrupte Kehrtwende in der Energiepolitik und das totale Einschwenken auf die Vorstellungen der Grünen damit, dass 90 Prozent aller Bürger in Deutschland einen schnellen Ausstieg aus der Kernenergie wollten. Nun zeigen zwar alle Umfragen – im Übrigen nicht erst seit Fukushima, sondern schon seit dem Reaktorunglück in Tschernobyl vor mehr als 25 Jahren –, dass eine Mehrheit der Bürger nichts dagegen hätte, auch auf eine friedliche Nutzung der Kernenergie zu verzichten. Doch daraus – wie es Norbert Röttgen zur Begründung der Energiewende 2011 getan hat – eine „breite Ablehnungsfront" gegen die Nutzung der Kernenergie – selbst bei den Anhängern der Union – abzuleiten, entsprach und entspricht nicht der Realität. Der Ausstieg aus der Kernenergie war und ist im Wesentlichen nur für die Anhänger der Grünen ein wichtiges Anliegen. Für die große Mehrheit der Menschen aber – auch der, die prinzipiell einen Ausstieg aus der Kernenergie für richtig halten – ist die Frage, woher der Strom kommt, keinesfalls das drängendste Problem. Wichtiger ist für die „normalen" Bürger, dass es genügend und bezahlbare Energie gibt, und man nicht irgendwann im Kalten oder Dunklen sitzen muss.

Wie aber ist es möglich, dass die grüne Bewegung in Deutschland einen weit über ihr eigenes Wählerklientel hinausreichenden dominanten Einfluss auf die politischen Meinungsbildungs- und Entscheidungsprozesse wie sonst in kaum einem anderen Land gewinnen konnte?

Im Mittelpunkt dieses Buches steht deshalb die Frage, warum der im Vergleich zur tatsächlichen Wählerzahl geradezu übermächtige Einfluss grüner Ideologien wieder einmal nur ein deutsches Phänomen zu sein scheint. In anderen Ländern, in denen durchaus über Umwelt- und Klimaschutz nachgedacht wird, oder auch in den Ländern – wie z.B. in Frankreich oder den Niederlanden – wo ökologische Gedanken schon vor der Etablierung der Grünen in Deutschland verbreitet waren, gibt es einen mit den deutschen Grünen zu vergleichenden Einfluss zumindest nicht.

Beleuchtet werden sollen zunächst der Ursprung der grünen Bewegung in Deutschland und die Reaktionen der „etablierten" Parteien auf die Anfänge der Grünen.

Aufgezeigt werden soll sodann, wie sich die Wähler- und Anhängerschaft der Grünen in den letzten drei Jahrzehnten entwickelt hat und wie es der grünen Minorität gelungen ist, ihren politischen und gesellschaftlichen Einfluss kontinuierlich und systematisch auszuweiten. Eingegangen wird dabei auch auf die Mittel und Instrumente, die die Grünen eingesetzt haben und heute noch einsetzen, um ihre Einflusssphäre immer weiter auszubauen.

Ein wichtiger Teil des Buches ist aber auch der Frage gewidmet, welche Folgen (ob positiv oder negativ) die grüne Dominanz für das gesamte politische System in Deutschland hat.

Gewagt wird schließlich ein Blick in die Zukunft der grünen Bewegung: Gelingt es den Grünen, ihre thematische Vorherrschaft und Dominanz auch zukünftig zu bewahren oder könnte es zu Entwicklungen und Veränderungen im politischen Spektrum kommen – wofür das Aufkommen neuer „Bewegungen" wie der „Piraten" ein Hinweis ist –, die den heute extrem großen Einfluss der Grünen eindämmen?

1. Die Entstehung der Grünen

Die „grüne Bewegung" in Deutschland wird von denen, die sie mit begründet und getragen haben, von Anfang an in einem überaus positiven Licht gesehen. Hartmut Bossel z.B. (seinerzeit Leiter des Instituts für Systemforschung und Prognose in Hannover) pries die grüne Bewegung schon 1978 in einer eher an die unselige Vergangenheit denn an eine nach vorne weisende Zukunft erinnernden Sprache so: „Schon drohte das politische Leben in der Bundesrepublik unter der wachsenden Vergletscherung der Parteienlandschaft zur Eiszeit zu erstarren, da brach der grüne Frühling 1978 aus und versprach mit seinen Blumen, Blättern und Schmetterlingen auf den Wahlplakaten Tauwetter und Wetterumschwung. Das Land bewahrt er vielleicht vor jener satten, sicherheitsbedachten und selbstgerechten Immobilität, die jeden Fortschritt zum Erliegen bringt. Die Grünen kommen!"[1]

Hubert Kleinert, selbst einer der Wegbereiter der Grünen, bediente sich bei seiner Schilderung der Entwicklung der Grünen zwar einer nüchterneren Sprache, schwärmte aber auch noch 1992 von den Ende der 1970er Jahre immer stärker werdenden „neuen sozialen Bewegungen", die er als Reaktion darauf sieht, dass „Ende der siebziger Jahre die reformpolitische Ausstrahlungskraft der sozialliberalen Koalition endgültig verblasste und immer weniger übersehen werden konnte, dass die etablierten Parteien weder die politischen Impulse der neu entstandenen Umweltbewegung noch die gewachsenen Bürgerbeteiligungswünsche unterschiedlichster Art" aufzunehmen verstanden.[2]

Generell werden die Grünen – auch und gerade in den zahlreichen politikwissenschaftlichen Analysen – eher wohlwollend den „neuen sozialen Bewegungen" zugerechnet. Einige der Kommentatoren der grünen Anfänge sehen eine unmittelbare Linie von der „68er-Bewegung" zu den Grünen Ende der 1970er Jahre. Richtig ist, dass einige Überreste der 68er-Bewegung (so auch prominente Figuren wie Daniel Cohn-Bendit) sich der grünen Bewegung anschlossen oder ihre Entstehung mit beförderten. Doch diese Sichtweise lässt außer Acht, dass die 68er-Bewegung – anders als die spätere grüne Bewegung – eingebettet war in einen viel breiteren und länger andauernden innovativen Prozess kulturellen und sozialen Wandels moderner Industriegesellschaften, der auch Bereiche wie die Literatur, Malerei oder Musik betraf. Die so eingebettete Studentenbewegung Mitte der 1960er Jahre, der viele Kinder linker oder linksliberaler Elternhäuser angehörten, verfolgte – anders als die spätere grüne Bewegung – konkrete „objektivierbare" Ziele, so z.B. die Reform von Forschung und Lehre an der Universität oder die Beendigung des Vietnamkrieges. Von Umwelt oder „Atomkraft" (ob Bombe oder Kraftwerke) war bei den 68ern seinerzeit kaum die Rede. Außer Acht gelassen wird bei der Gleichsetzung der 68er-Bewegung mit der der grünen zum anderen, dass sich die „68er" später nicht überwiegend der grünen Bewegung anschlossen, sondern in recht großer Zahl in den ab 1969 in der Bundesrepublik regierenden Parteien SPD und FDP tätig wurden.

Recht einhellig wird die „grüne Bewegung" – unabhängig von ihren vorhandenen oder nicht vorhandenen Beziehungen zu den „68ern" – als Teil der neuen sozialen Bewegungen der 70er Jahre gesehen, die sich nach Klein und Falter „um das Umwelt-, das Friedens- und das Frauen-Thema"[3] herum gebildet hatten – also Themen, die auch aus heutiger Sicht positiv bewertet werden können. Doch bei dieser verengten politikwissenschaftlichen Sicht besteht die Gefahr, dass „soziale Bewegungen" und insbesondere auch die „grüne Bewegung" lediglich im Kontext bestimmter, noch dazu positiv bewerteter Themen gesehen und beschrieben werden, die sozialen Prozesse gesellschaftlichen Wandels, die dem zugrunde liegen, dabei jedoch vernachlässigt werden. Der Soziologe Friedhelm Neidhardt weist zu Recht darauf hin, dass bei einer solchen rein politikwissenschaftlichen Sichtweise die „Gründe für das Aufkommen sozialer Bewegungen nahezu ausschließlich" (so auch am Beispiel von Falter und Klein abzulesen) „in den gesellschaftlichen Problemen" gesucht werden, auf die sich die Bewegungen selbst „ausdrücklich beziehen". Im Fall der Grünen waren es dann „die Unterdrückung der Frau", die „fortschreitende Umweltverschmutzung" oder der „Rüstungswahnsinn".[4]

Für die 68er-Bewegung lassen sich die von den Studenten als kritisch bewerteten Problemlagen – wie Neidhardt formuliert – „objektivieren", weil die Gesellschaft der Adenauer-Ära der 1950er und 1960er Jahre – wie Klein und Falter richtig bemerken – als „spießig, verknöchert und wenig reformfreudig"[5] erlebt wurde. Die 1970er Jahre aber gaben objektiv keinen Grund mehr für die z.T. heftigen Proteste der diversen grünen Vorläufer-Strömungen. Die Adenauer-Ära war Vergangenheit, 1969 kam es nach 20-jähriger Vorherrschaft der Union zum ersten Mal in der Geschichte der Bundesrepublik zu einem Machtwechsel und die sozialliberale Koalition unter Willy Brandt brachte unter dem Motto „Mehr Demokratie wagen" zahlreiche Reformen in Politik und Gesellschaft auf den Weg. Die ersten rezessionsähnlichen Störungen des „deutschen Wirtschaftswunders" waren mit sozialdemokratischer Hilfe (dem damaligen Wirtschaftsminister Karl Schiller) überwunden und mit der neuen Ostpolitik von Willy Brandt wurde die nach der West-Integration der Bundesrepublik unter Adenauer notwendige Öffnung in Richtung Osten eingeleitet.

Schelte am pragmatischen Politikstil von Brandts Nachfolger Helmut Schmidt war ebenfalls objektiv nicht angebracht, da er sowohl innen- als auch außenpolitisch – soweit es die sich ändernden gesellschaftlichen und ökonomischen Rahmenbedingungen zuließen – am sozialliberalen Reformkurs festhielt.

Die vor allem innerhalb der SPD noch immer zu hörende These, Helmut Schmidt habe wegen seiner geringen Sensibilität für die von der grünen Bewegung angeprangerten Probleme das Entstehen der Grünen erst ermöglicht, während heute als „Vordenker" der SPD gepriesene Figuren wie Erhard Eppler durch eine von ihnen damals geforderte Integration der grünen Bewegung die Gründung der Partei der Grünen hätten verhindern können, ist deshalb auch heute noch so falsch wie sie schon immer war.

Das hindert aber Teile der SPD und ihr Nahestehender in einzelnen Medien (so Stefan Reinecke in der taz vom 12. November 2009 nach der katastrophalen Niederlage der SPD bei der Bundestagswahl 2009) nicht daran, Helmut Schmidts „Unnachgiebigkeit" zu beklagen. Erst nach Schmidts Sturz 1982 sei die SPD – so meinen diese „Analytiker" – wieder „auf der Höhe der Zeit"[6] gewesen. (Dass die SPD nach dem von ihr selbst mit zu verantwortenden Sturz von Helmut Schmidt 16 Jahre in der Opposition verharren musste, bis sie 1998 mit Gerhard Schröder wieder den Kanzler stellen konnte, wird bei dieser „Analyse" allerdings verdrängt).

Objektiv waren die von Neidhardt angesprochenen „Problemlagen" in den 1970er Jahren – anders als noch Ende der 1960er Jahre – nicht so, dass es wirklich neuer sozialer Bewegungen wie die der Grünen bedurft hätte, um gesellschaftliche Zustände zu verbessern. Der spätere Siegeszug der Grünen ist insofern nicht darauf zurückzuführen, dass Mangellagen in

16

der Gesellschaft den Grünen Auftrieb gegeben hätten, – anders, als es später bei der Linkspartei der Fall war.

Das gilt – wie Neidhardt zutreffend schildert – auch für die damalige „Frauenbewegung". Sie gewann – so Neidhardt – sicher nicht deshalb „entscheidend an Kraft und Bedeutung", „weil in den letzten hundert Jahren die objektive Diskriminierung der Frau und ihre unmittelbar damit verursachten subjektiven Probleme signifikant gestiegen wären". Da eher das Gegenteil der Fall sein dürfte, ist die Ursache der Frauenbewegung in den 1970er Jahren also nicht in einer objektiv besonders kritisch und schwierig gewordenen Problemlage der Frauen zu suchen. Ausschlaggebend für die Entstehung der Frauenbewegung in den 1970ern waren – so Neidhardt – „soziale Wandlungsprozesse", die „die Vernetzung" bestimmter Frauengruppen „erheblich steigerten und auf diese Weise die Organisierbarkeit ihres Protestes verbesserten". Die vor allem im „Umkreis der Universitäten entstandenen Frauenzirkel, Lesbengruppen oder Wohngemeinschaften" schufen „Netzwerke, die eine Vergesellschaftung subjektiver Erfahrungen leisten", eine „frustrationssteigernde Problematisierung der Probleme ingangsetzen und gemeinsame Aktionen ermöglichen konnten."[7]

Ähnliches gilt für die Umweltbewegung; denn die Sensibilität für Umweltschutz war mit der Regierungsübernahme der SPD-FDP-Koalition 1969 ja nicht gesunken (schließlich hatte die SPD schon im Wahlkampf 1965 mit dem „blauen Himmel über der Ruhr" geworben), sondern gestiegen. Nicht nur die im Preußischen Wassergesetz von 1913 bereits festgelegten Prinzipien zur Reinhaltung und Pflege der Gewässer wurden wieder beachtet, sondern es wurden eine Reihe von Gesetzesvorhaben zum Umweltschutz auf den Weg gebracht. Der damalige Forschungsminister Volker Hauff wies in einer Replik auf eine grüne „Propagandaschrift" von 1978 zu Recht darauf hin. Im Einzelnen erwähnten er und der damalige FDP-Bundesgeschäftsführer Günter Verheugen u.a. die Änderungen des Grundgesetzes, die die notwendigen Kompetenzen für Luftreinhaltung, Lärmbekämpfung und Abfallbeseitigung geschaffen hatten, das Benzin-Blei-Gesetz (mit dessen Hilfe der Bleigehalt in der Luft spürbar gesenkt werden konnte), das Bundesimmissionsschutzgesetz (und die „Technische Anleitung zur Reinhaltung der Luft" kurz „TA-Luft" genannt), das Waschmittelgesetz (zur Schonung der Gewässer), das Abfallbeseitigungsgesetz, das Fluglärmgesetz sowie verschiedene energiepolitische Maßnahmen wie das Energiespargesetz oder die diversen Energieforschungsprogramme.

Bedenkt man all diese Sachverhalte, können die Grünen nicht, wie häufig angenommen wird, als soziale Bewegung angesehen werden, die aufgrund eines großen Problemdrucks Ende der 1970er Jahre entstanden ist. Für die Entstehung der Grünen waren andere Gründe, auf die noch einzugehen sein wird, maßgebend.

Dieser Einschätzung steht auch nicht entgegen, dass in den 1970er Jahren die Proteste gegen die Nutzung der Kernenergie eskalierten. Auch hier war ein großer „Problemdruck", der Anlass für diese Proteste gegeben hätte, nach dem Machtwechsel in Bonn 1969 nicht gegeben; denn die damalige SPD/FDP-Bundesregierung hatte begonnen, in immer stärkerem Maße die Erforschung regenerativer Energien zu fördern, um neben den fossilen Energiearten und der Kernenergie auch neue Energiequellen für die Energieversorgung nutzbar zu machen.

Und es war auch nicht so, wie Klein und Falter in der Rückschau meinen, dass sich an diesen Protesten gegen die Kernenergie „breite Bevölkerungsschichten beteiligten".[8] Dies ist

18

eine krasse Fehleinschätzung; denn an den „Anti-Atomkraft-Demonstrationen" beteiligten sich von Anfang an nur Minderheiten und nicht „breite Schichten" der Bevölkerung.

Diese Fehleinschätzung selbst von eher nüchtern arbeitenden Wissenschaftlern deutet aber auf ein generelles Einstellungsmuster im Hinblick auf die Einschätzung und Wertung der Grünen hin. Danach haben die Grünen generell gute, von allen eigentlich zu akzeptierende Ziele verfolgt: Vor allem den Schutz der Umwelt, die Gleichberechtigung der Frau und die Schaffung von Frieden in der Welt. Zur Untermauerung dieser Sichtweise dient auch die von Ronald Inglehart entwickelte These des „Wertewandels", nach der in entwickelten Gesellschaften die materialistischen Ziele der „Alten Politik" (wie Wohlstand und soziale Sicherheit für alle Schichten) ersetzt werden durch postmaterialistische Ziele einer „Neuen Politik" (wie sexuelle Freiheit, alternative Lebensentwürfe, Minderheitenrechte, umfassende politische Partizipation).[9] Und wegen dieser „guten" Ziele der von den Grünen propagierten „Neuen Politik" gelang es den Aktivisten und Anhängern der grünen Bewegung auch, nicht nur ihren Zielen, sondern auch sich selbst das Etikett „gut" anzuheften und das Bild der Grünen als den „Gut-Menschen" in weiten Teilen der deutschen Bevölkerung zu verankern. Damit wurde auch das individuelle, besonders moralische Selbstwertgefühl stabilisiert. Viele Anhänger der grünen Bewegung sind bis heute in ihrer Selbsteinschätzung der festen Überzeugung, nicht nur gute, von allen akzeptierte Ziele zu verfolgen, sondern auch selbst „gute" Menschen zu sein. Und die Führungskader der grünen Bewegung tun alles, um diese in weiten Teilen der deutschen Gesellschaft verbreitete Einschätzung aufrecht zu erhalten. Eine sachliche Debatte mit „Gut-Menschen" ist dementsprechend schwierig, zumal die Grünen wegen ihrer „guten" Ziele und der diese guten Ziele verfolgenden „guten Menschen" kaum kritisiert werden können, ohne als Kritiker selbst ins moralische Abseits zu gelangen.

So befanden sich auch die etablierten Parteien gegenüber den Grünen von Anfang an in der Defensive. Sie haben sie nie konsequent offensiv bekämpft, sondern immer nur versucht, sich dem vermeintlich „grünen" Zeitgeist anzupassen und die Grünen quasi „grün" zu überholen.

Wie Vertreter der CDU, FDP und SPD schon 1978, zu einem Zeitpunkt, als die Grünen formell noch gar nicht als Partei gegründet waren, auf die grüne Bewegung reagierten, zeigt eine damals im Fischer-Verlag unter dem schon bezeichnenden Motto dieser Reihe („Fischer alternativ") erschienenen Bestandsaufnahme der grünen Bewegung mit dem Titel: „Der grüne Protest".

In dieser vom Verlag „als Dokumentation über einen wichtigen Trend im Zeitgeschehen" charakterisierten Bestandsaufnahme wurde auch Vertretern der etablierten Parteien (Wolfgang von Geldern, damals CDU-Bundestagsabgeordneter, sowie Günter Verheugen und Volker Hauff) Gelegenheit zur Stellungnahme zu den Grünen gegeben.

Von Geldern versuchte 1978 zwar – analytisch gar nicht so verfehlt – die vorgebliche Einheit der grünen Bewegung differenziert zu sehen und sprach von „roten", „braunen", „bunten" und „grünen" Grünen. Doch den „grünen Protest" bewertete er als völlig „berechtigt" und erkannte die große „Bedeutung des Umweltschutzes" voll an. Und er bemühte sich aufzuzeigen, was alles seine Partei für den Umweltschutz schon getan habe. Er betonte zudem den großen Willen der Union zur Friedenssicherung und befürwortete den offenen „Dialog mit den Bürgerinitiativen", die durch das Aufzeigen von

„Mängeln" und die Hinweise auf „neue Problemstellungen" ihre volle Berechtigung hätten.

Von Geldern verteidigte lediglich die friedliche Nutzung der Kernenergie, die er 1978 noch für unverzichtbar hielt, weil es „ohne einen vernünftigen Ausbau der Kernenergie" in Zukunft „keine ausreichende Energiebasis geben" werde. Ohne die Nutzung der Kernenergie würde es „tiefgreifende Auswirkungen auf Wirtschaftswachstum, Beschäftigung und Lebensstandard" geben und Deutschland hinsichtlich der „technologischen Entwicklung" und seiner „Exportfähigkeit im Vergleich zu anderen Industrieländern" zurückgeworfen sowie „Arbeitsplätze von morgen gefährdet".[10]

Doch bei so viel Übereinstimmung mit den Grünen in anderen Fragen wundert es nicht, dass von Geldern letztendlich auch diese Position zur Kernenergie aufgab, vom „Atom-Saulus" zum „Windenergie-Paulus" wurde und von 1995 bis 2008 Vorstandsvorsitzender der Plambeck Neue Energien AG (einem Windpark-Projektierer in Cuxhaven) war.

Der 1978 als Bundesgeschäftsführer der FDP tätige Günter Verheugen (der später ja das gleiche Amt bei der SPD innehatte) reklamierte damals für die liberale Partei, sie sei „in Programm und Praxis die erste Partei in der Bundesrepublik Deutschland gewesen, die den Umweltschutz zu einem Schwerpunkt ihrer Arbeit gemacht hat". Umweltpolitik sei „zum Markenzeichen der FDP" geworden. Und er verweist auf Ergebnisse einer FDP-Mitgliederbefragung von 1977, nach der die Hälfte der FDP-Orts- und Kreisverbände offizielle Kontakte zu Bürgerinitiativen hatte, 56 Prozent der FDP-Mitglieder Bürgerinitiativen aus der eigenen politischen Arbeit kannten, 59 Prozent bereit waren, selbst als Gründer oder Mitglieder in Bürgerinitiativen zu arbeiten und 89 Prozent eine stärkere Zusammenarbeit mit Bürgerinitiativen befürworten würden. Er verweist außerdem – wie

21

von Geldern – auf die Gesetzesinitiativen der FDP in Sachen Umweltschutz und betont ausdrücklich, dass die FDP „die Arbeit von Bürgerinitiativen als Ausdruck echten Bürgerengagements" betrachtet und ihnen sogar das Recht zugestehe, auch punktuelle und „einseitige Interessen ins Spiel zu bringen".[11]

Bei so viel Anpassung der anderen Parteien an grüne Vorstellungen muss es nicht wundern, dass die grüne Partei recht bald nach ihrer Gründung auch von vielen Wählern akzeptiert wurde, so dass sie 1983 schon im Bundestag saß.

Volker Hauff, damals Bundesminister für Forschung und Technologie, sah 1978 in den ersten Erfahrungen mit grünen und bunten Listen bei einigen Landtagswahlen einen eindeutigen Trend und deutliche Hinweise auf „ein ernst zu nehmendes Protestpotenzial an Wählern, die in Fragen der Ökologie und des Umweltschutzes mit den großen Parteien unzufrieden sind". Und er meinte, dass die „Parteien und Verwaltungen" auf allen Ebenen „Anlass zur Parteiverdrossenheit" gegeben hätten. Den Bürgerinitiativen bescheinigte er – ähnlich wie die Politiker von Union und FDP –, dass sie „offen, bürgernah und problemorientiert veränderte Werthaltungen der Bürger zu ihrer Umwelt" artikulierten. Aber – wie von Geldern und Verheugen – reklamierte auch er für seine Partei, dass „die Beseitigung ökologischer Fehlentwicklungen" immer ein „wesentlicher Bestandteil sozialdemokratischer Politik bleiben" werde. Der „Schutz der Umwelt" sei einer der programmatischen „Eckpfeiler der Sozialdemokratie". Und er verwies darauf, dass die Aufwendungen für die Energieforschung sich laufend zugunsten nicht-nuklearer Forschungsvorhaben verschoben hätten. Damit sei der Weg zu einer „neuen Energieversorgungsstruktur eingeleitet".[12]

Von Erhard Eppler, von 1973 bis 1981 SPD-Vorsitzender in Baden-Württemberg, wurde in dem erwähnten Bändchen von 1978 über die grünen Anfänge ein Gespräch mit dem SPIEGEL abgedruckt. Eppler, heute in der SPD als „Vordenker" seiner Partei gefeiert, obwohl er zu seiner Zeit als SPD-Vorsitzender in Baden-Württemberg den Grundstein für den Niedergang der baden-württembergischen SPD gelegt hat, war den anderen Politikern Ende der 1970er Jahre „weit voraus". Er sah in den Grünen etwas „epochal Neues" und eine „historische Zäsur, deren Tiefe erst mit einigem Abstand sichtbar werden wird".[13] Eppler biederte sich den Grünen bereits damals als künftiger Koalitionspartner an. In seinem Gespräch mit dem SPIEGEL attestierte er 1978 den Grünen, dass sie – anders als seine eigene Partei mit dem damaligen Kanzler Helmut Schmidt – „Antworten" gäben. Deshalb nehme er die Grünen „ernst" und er stimme mit den Grünen in deren „Misstrauen gegenüber allen Mammutgebilden, einschließlich einer für den einzelnen nicht mehr durchschaubaren und demokratisch nicht mehr kontrollierbaren Großtechnologie" überein. Und auf eine entsprechende Frage des SPIEGEL schloß er nicht aus, dass die Grünen – obwohl noch gar nicht als Partei gegründet – für die SPD „koalitionsfähig" sein könnten.[14]

Abgesehen davon, dass diese schon 1978 zu registrierende Anpassung der Union, der FDP und vor allem von Teilen der SPD den Kern der grünen Bewegung und ihrer potenziellen Wähler in keiner Weise beeindruckt hat und der Weg zur Etablierung der Bewegung im politischen Machtgefüge konsequent fortgesetzt wurde, befand sich die Einschätzung der politischen Akteure auch schon damals nicht in Übereinstimmung mit den Meinungen und Einstellungen der Mehrheit der Menschen. So hatte die Kernenergie bis zum Unglück in Tschernobyl im damals von den Bürgern zur Sicherung der Energieversorgung gewünschten Energie-Mix ihren festen

Platz. Anders als die politischen Akteure jedweder Couleur hatten sich die Bürger Ende der 1970er und Anfang der 1980er Jahre (vor Tschernobyl) nicht von den massiven Anti-Kernkraft-Kampagnen der grünen Bewegung beeindrucken lassen.

Die Anpassung vieler Politiker aller etablierten Parteien an die Grünen und eine – so in Teilen der SPD – Änderung der eigenen Programmatik und der eigenen politischen Ziele schon in den Anfangsjahren der Grünen brachte den „Alt-Parteien" – anders als von ihnen erhofft – keinen Vertrauenszuwachs. Vielmehr führte diese Anpassung, die auf Fehleinschätzungen der Befindlichkeiten der Menschen beruhte, dazu, dass vor allem Union und SPD an Glaubwürdigkeit einbüßten, Wähler verloren und den Grünen Wähler zuführten.

Hinzu kommt, dass die weit verbreitete Einschätzung der Entstehung der Grünen – begrüßenswerte „gute" Ziele der Bewegung und deshalb auch eine überwiegend positive Wertung der Anhänger dieser Bewegung – wohl von Anfang an bis heute ein großes Missverständnis ist. Der Nukleus der grünen Bewegung, aber auch die ersten sowie die späteren Wähler der Grünen waren seit jeher alles andere als Bürger mit rein idealistischen Zielen.

Dass die Grünen nicht einfach als „neue soziale Bewegung" angesehen werden können, die sich in den 1970er Jahren als Protest gegen allzu drängende Problemlagen gebildet hat, darauf wurde bereits hingewiesen. Dazu sind auch allein schon zu viele verschiedene Strömungen und Gruppierungen an der Etablierung der Grünen beteiligt gewesen.

Silke Mende kommt der Verdienst zu, diese diversen Gruppen in ihrer umfangreichen Arbeit („Nicht rechts, nicht links, sondern vorn": Eine Geschichte der Gründungsgrünen, München 2011) identifiziert zu haben. Sie hat hauptsächlich fünf

Gruppen ausgemacht, die sich schließlich zu den Grünen zusammengefunden haben:

1. Die „konservativen Grünen": Ihnen ging es um die „Bewahrung" der „natürlichen Lebensgrundlagen". Dabei orientierten sich ihre Vertreter (allen voran der ehemalige CDU-Bundestagsabgeordnete Herbert Gruhl) an einer „vormodernen Idylle, wie sie vermeintlich vor der modernen Industriegesellschaft existiert" hat. Ihre „hierarchischen, teilweise autoritären Gesellschaftsvorstellungen" stammten aus den 1940er bzw. 1950er Jahren, als die Westöffnung der Bundesrepublik und der Prozess der Liberalisierung der Gesellschaft noch nicht eingeleitet waren.[15]

2. Die „Gemeinschaftsdenker": Mende bezeichnet damit ein Netzwerk, dessen „personelles Fundament" aus Vertretern bestand, „die im ersten Viertel des 20. Jahrhunderts geboren worden waren und deren Ideengerüst maßgeblich von den Erfahrungen der ersten Jahrhunderthälfte", vor allem durch die „Unsicherheitserfahrungen" in der Zeit zwischen dem Ersten und Zweiten Weltkrieg bestimmt waren. Die Angehörigen dieses Netzwerks vertraten „eine spezifische Vorstellung von Gemeinschaft, die sie dem westlich-liberalen Begriff von Gesellschaft gegenüberstellten". Die vor 1945 „festgezurrten" ideellen Grundlagen „überdauerten Nationalsozialismus und Kriegsende und wurden weitgehend unverändert in die Nachkriegszeit hinübergetragen, wo sie, begrifflich und inhaltlich nur geringfügig modifiziert, in neue politische Kontexte eingebracht wurden". Durch eine „strategische Öffnung vor allem gegenüber der Umweltbewegung gelang es, das Netzwerk um eine Reihe jüngerer, ursprünglich auf der politischen Linken sozialisierter Anhänger zu erweitern".[16]

3. Die „antiautoritären Anthroposophen": Basierend auf einer „grundsätzlichen" Verankerung in der in den 1960er Jahren einen „gesellschaftlichen Aufschwung" erfahrenden Anthroposophie fanden sich in dieser Gruppe sowohl ältere, um 1920 geborene und durch die Erfahrung mit dem „Kriegsende" und der frühen „Nachkriegszeit" geprägte als auch jüngere, durch das Umfeld „neuer Linker" in APO und Studentenbewegung politisch sozialisierte Mitglieder. Mende betont die „Mittlerfunktion" dieser Gruppe im „grünen Gründungsprozess".[17]

4. Die „undogmatische Linke": Diese Gruppe stellte laut Mende „die breiteste personelle Basis". Sie war im Wesentlichen (worauf bereits hingewiesen wurde) hervorgegangen aus der 68er-Bewegung und grenzte sich „einerseits von der Sozialdemokratie, andererseits von den kommunistischen Kadergruppen ab". Die „undogmatische Linke" setzte auf „Dezentralität, Selbstorganisation und Basisbezug" und war eng mit der „Alternativszene verflochten". Eine wichtige Rolle innerhalb dieser Gruppe spielten die „Frankfurter Spontis sowie das Sozialistische Büro". Dieses Netzwerk hatte nach Einschätzung von Mende den „größten Einfluss auf die programmatische und organisatorische Entwicklung" der späteren Grünen. Aber nicht nur im Hinblick auf Personen, sondern auch im Hinblick auf das „Politikverständnis und den politischen Stil" der Grünen war diese Gruppe prägend.[18]

5. Die „dogmatische Linke": Hier handelte es sich um die „ehemaligen kommunistischen Kader" („K-Gruppen"), die nach ihrem Zerfall bei den Grünen ein neues Forum fanden und versuchten, „das Verhältnis von Ökologie und Marxismus positiv miteinander in Einklang zu bringen". Die „gesellschaftlichen Konflikte der Industriemoderne sollten mit

den Herausforderungen des anbrechenden ökologischen Zeitalters verbunden werden".[19]

Allein diese einzelnen Netzwerkgruppen, die sich letztendlich zur Formierung der Grünen zusammenfanden, zeigen, wie wenig adäquat die These von einer neuen sozialen Bewegung zur Erklärung der Entstehung der grünen Partei ist. Bei keiner dieser von Mende identifizierten Gruppen ist erkennbar, dass sie sich als spezifische Reaktion auf besondere Missstände, die erst in den 1970er Jahren aufgetreten wären, gebildet hätte.

Die ursprüngliche Heterogenität dieser Gruppen, die sich letztlich zu einer einheitlichen, der „grünen" Bewegung formiert haben, deutet vielmehr darauf hin, dass andere soziale Strukturen und Mechanismen für die Etablierung der Grünen verantwortlich waren, als das von den Grünen selbst und Teilen der Politikwissenschaft bemühte Konstrukt der „neuen sozialen Bewegungen".

Dabei war das Gemeinsame all dieser Netzwerk-Gruppen letztlich eine Art „Revolte gegen die Moderne". Die war im Übrigen schon in der Weimarer Republik bei Teilen des deutschen Bildungsbürgertums zu beobachten. Es gab nach 1919 tiefes Unbehagen gegenüber der Industriegesellschaft und tiefes Misstrauen gegen die pragmatische Politik der Weimarer „System-Parteien", die sich an den Erfordernissen der sich herausbildenden internationalen Wirtschaftsstruktur orientierten. Schon bei diesem „Kampf" in der Weimarer Republik ging es weniger um ökonomische Interessen als vielmehr um ein fundamentales Aufbegehren interessensungebundener moralischer Ziele. In der Weimarer Republik sollte dem vom Versailler Vertrag „geknechteten" deutschen Volk durch die Schaffung eines rassisch homogenen und expansiven Nationalstaates wieder eine völkische Identität gegeben und so die Schmach der Niederlage im Ersten Weltkrieg getilgt werden.

Diese „Revolte gegen die Moderne" war bei aller Unterschiedlichkeit der einzelnen Gruppierungen auch in der Entstehungsphase der Grünen die verbindende Klammer, die letztlich die Formierung einer einheitlichen Bewegung bewirkte. Die Grünen insgesamt waren eine Auflehnung gegen das nüchternpragmatische Politikverständnis, das sich im Laufe des Demokratisierungsprozesses in Deutschland nach dem Zweiten Weltkrieg herausgebildet hatte. Dabei revoltierten die jüngeren Anhänger der „Bewegung" gegen ihre saturierten Bürgerväter. Weder die älteren noch die jüngeren Anhänger wurden zudem politisch in demokratischen Organisationen sozialisiert. Auch der erste grüne Ministerpräsident in Deutschland wurde nicht in der Jugendorganisation einer demokratischen Partei, sondern in dem fünften, von Mende identifizierten Netzwerk, der dogmatischen Linken (im Falle von Kretschmann der Kommunistische Bund Westdeutschland), also einer radikalen, antidemokratischen Gruppierung, sozialisiert.

Die noch um Verfestigung ihres Vertrauens ringenden demokratischen Institutionen im Deutschland der Nachkriegszeit wurden von den Angehörigen aller Gruppen, die sich zur Bildung der Grünen zusammenfanden, nicht akzeptiert, sondern verachtet und bekämpft. 1984 legte der Gießener Sprachwissenschaftler Helmut Berschin eine Analyse der Bundestagsreden der ersten grünen Abgeordneten im Bundestag aus dem Jahre 1983 vor. Daraus ergibt sich, dass nur etwas mehr als die Hälfte der in diesem Jahr von den Grünen im Bundestag gehaltenen 167 Reden mit der die Würde der Institution Parlament wahrenden üblichen Anredeform begann. Die übrigen Reden begannen mit mehr oder weniger das Parlament eher herabwürdigenden Floskeln.[20]

Diese, das Parlament herabwürdigenden Verhaltensweisen sind u.a. auch ein Beleg dafür, dass sich der in der westdeutschen Nachkriegsgesellschaft herausgebildete Wertepluralismus innerhalb der grünen Bewegung weder widerspiegelt noch von ihr toleriert wird. Die Grünen akzeptieren bis heute weitgehend nur ihr eigenes, eher monolithisches Wertesystem, das sie in extrem intoleranter Weise für das einzig richtige und für sie verbindliche halten – im Übrigen nicht nur in der Politik, sondern in nahezu allen Lebensbereichen. Alexander Neubacher karikiert das in seinem Buch „Ökofimmel" ganz treffend: „Wer nicht im Bioladen, sondern bei Lidl einkauft, gehört eher nicht dazu. Wer dabei erwischt wird, wie er seinem Kind ein weiches Weizenbrötchen in die Frühstücksdose gesteckt hat, womöglich sogar mit Nuss-Nougat-Creme, sollte sich nicht wundern, wenn die Klassenkameraden nicht mehr zum Spielen kommen dürfen."[21]

Der Zusammenhalt der grünen Bewegung wurde zudem nicht in erster Linie durch Inhalte erreicht und gesichert, sondern vor allem durch die „Bewegung an sich", die allen, die sich zu ihr bekennen und als „Aktivisten" geadelt werden, eine emotionale Identität gibt. Dazu dienen dann auch – wie Neidhardt zutreffend anmerkt – „handliche Schuldkonstruktionen", mit deren Hilfe man die Gegner und Feinde der Bewegung „markieren" kann,[22] um dann gegen sie vorgehen bzw. sie angreifen oder moralisch diskreditieren und herabsetzen zu können.

Die Grünen können alles in allem nicht so einfach – wie sie es selbst und wie es die meisten Beobachter der Grünen machen – als „soziale Bewegung" eingestuft werden. Ihnen kam es in der Anfangsphase nicht so sehr auf politische Inhalte und Themen an, auch wenn darüber heftig debattiert wurde. Dies war im Wesentlichen nur das zum Zusammenhalt der Gruppe erforderliche sprachliche Ritual. Das eigentliche Vehikel der Bewegung aber waren nicht ihre inhaltlichen Positionen oder Forderungen, sondern die Bewegung als solche und die damit bezweckte Revolte gegen die „Moderne", gegen den aus den unterschiedlichsten Gründen nicht akzeptierten Entwicklungsstand und Zustand der westdeutschen Gesellschaft.

Diese Sichtweise wird auch durch die Tatsache gestützt, dass die Anhänger und ersten Wähler der grünen Bewegung nicht aus unterprivilegierten Schichten stammten, sondern aus eher privilegierten, oberen sozialen Schichten.

Noch 1998 zeigte sich in der Potsdamer Parteimitglieder-studie, dass 80 Prozent der Mitglieder der Grünen Abiturien-ten oder Hochschulabsolventen waren (zum Vergleich: in der Gesamtbevölkerung waren es 1998 nur 15 und unter den Mit-gliedern aller Parteien zusammen auch nur 40 Prozent).

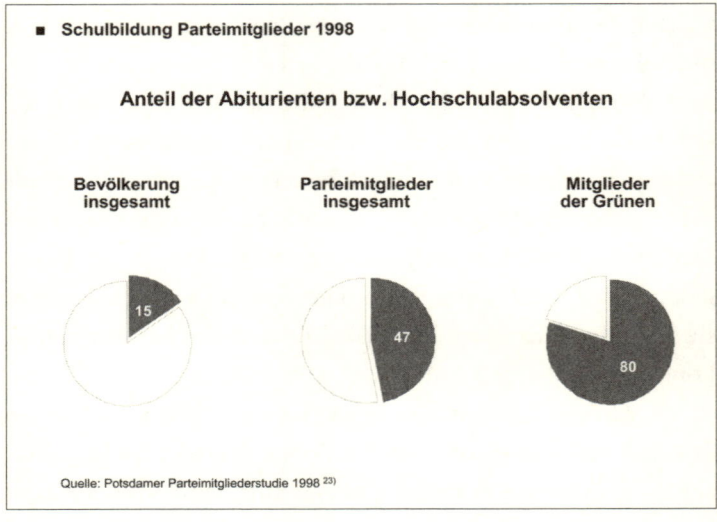

■ **Schulbildung Parteimitglieder 1998**

Anteil der Abiturienten bzw. Hochschulabsolventen

| Bevölkerung insgesamt | Parteimitglieder insgesamt | Mitglieder der Grünen |

15   47   80

Quelle: Potsdamer Parteimitgliederstudie 1998 [23]

Überdurchschnittlich groß war auch noch 1998 der Anteil der im öffentlichen Dienst tätigen Mitglieder der Grünen. Während fast die Hälfte der erwerbstätigen Mitglieder der Grünen im öffentlichen Dienst beschäftigt waren, waren es in der Gesamtbevölkerung nur 13 und auch bei den Mitgliedern der anderen Parteien nur 37 Prozent. Über die Struktur der Mitglieder der Grünen in der Anfangsphase liegen zwar keine vergleichbaren Zahlen vor, aber es ist nicht zu erwarten, dass der Zustrom von Mitgliedern mit Abitur oder Studium bzw. aus dem Dunstkreis des öffentlichen Dienstes erst in den 1990er Jahren eingetreten wäre.

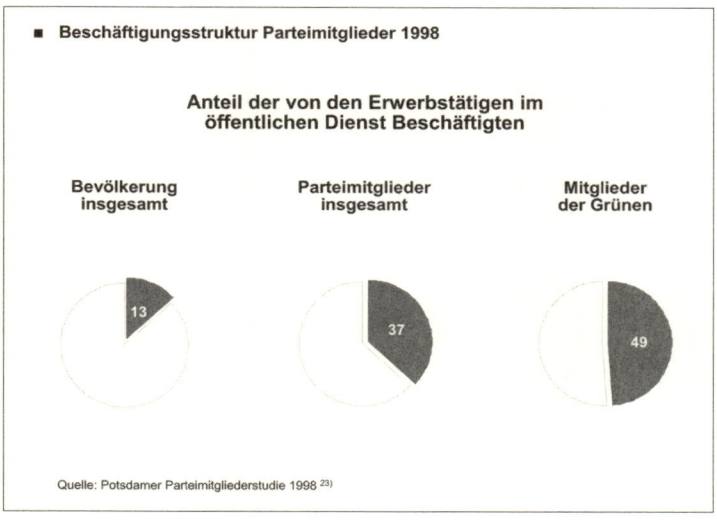

■ **Beschäftigungsstruktur Parteimitglieder 1998**

Anteil der von den Erwerbstätigen im öffentlichen Dienst Beschäftigten

Bevölkerung insgesamt — 13

Parteimitglieder insgesamt — 37

Mitglieder der Grünen — 49

Quelle: Potsdamer Parteimitgliederstudie 1998 [23]

Neben den älteren grünen Aktivisten (so z.B. die 1920er Jahrgänge der Netzwerkgruppen der „konservativen" Grünen, der „Gemeinschaftsdenker" oder der „Anthroposophen"), die ohnehin nicht wegen drängender konkreter Problem- oder Notlagen zur grünen Bewegung gestoßen waren bzw. sie in Gang gesetzt hatten, kamen auch die jüngeren Aktivisten meist aus eher behüteten und begüterten Elternhäusern. So dürften viele Studenten in den 1970er Jahren (vor der später einsetzenden

„Bildungsexplosion") aus den bürgerlichen und nicht den proletarischen Schichten der Bevölkerung gekommen sein.

Aber nicht nur die „Aktivisten", die den Kern der grünen Bewegung bildeten, sondern auch die ersten Wähler der Grünen waren nicht diejenigen, die unter sozialer Ungerechtigkeit der Gesellschaft oder anderen Mängellagen gelitten hatten. Die ersten Wähler der Grünen waren die Erst- und Jungwähler, die überwiegend aus gutsituierten Familien stammten, sich um ihre materielle Existenz wenig Gedanken machen mussten und sich vom „Materialismus" ab- und den sogenannten „postmaterialistischen" Werten zuwenden konnten.

Über zwei Drittel der Wähler der Grünen bei der ersten Bundestagswahl 1980, an der die grüne Partei nach ihrer Gründung teilnahm, und der Bundestagswahl 1983, bei der die Grünen über 5 Prozent der gültigen Stimmen erhielten und zum ersten Mal in den Bundestag einzogen, waren jünger als 35 Jahre. Im Bevölkerungsdurchschnitt waren 1983 nur 30 Prozent in der Altersgruppe der 18- bis 34-Jährigen. Über 60 Jahre alt waren 1980 und 1983 noch nicht einmal ein Zehntel der grünen Wähler.

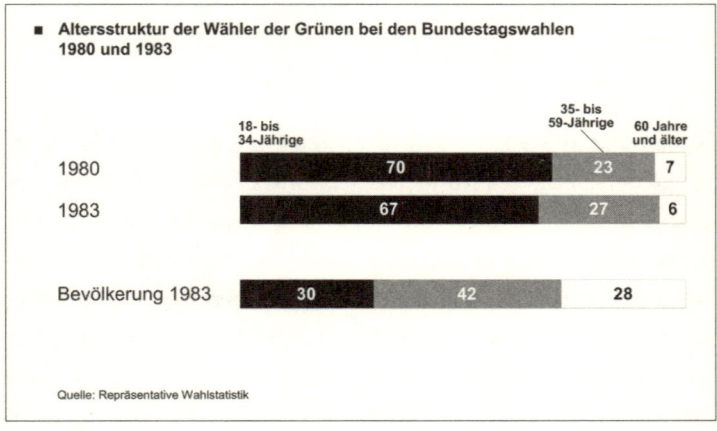

■ Altersstruktur der Wähler der Grünen bei den Bundestagswahlen 1980 und 1983

	18- bis 34-Jährige	35- bis 59-Jährige	60 Jahre und älter
1980	70	23	7
1983	67	27	6
Bevölkerung 1983	30	42	28

Quelle: Repräsentative Wahlstatistik

Und aus einer Studie der Konrad-Adenauer-Stiftung während der Anfangsphase der grünen Partei geht hervor, dass nur eine winzige Minderheit (3 %) der grünen Wähler 1984 noch traditionellen, eher „materialistisch" geprägten Werten anhing. Fast alle grünen Wähler von damals orientierten sich an „grünen", „postmaterialistischen" Werten (62 %) oder gehörten der Gruppe an, die von Inglehart, dem „Entdecker" des Wertewandels in der Gesellschaft, als „Mischtypus" bezeichnet wurde – eine Gruppe, die sich nicht lupenrein den Postmaterialisten bzw. den Materialisten zurechnen lässt.

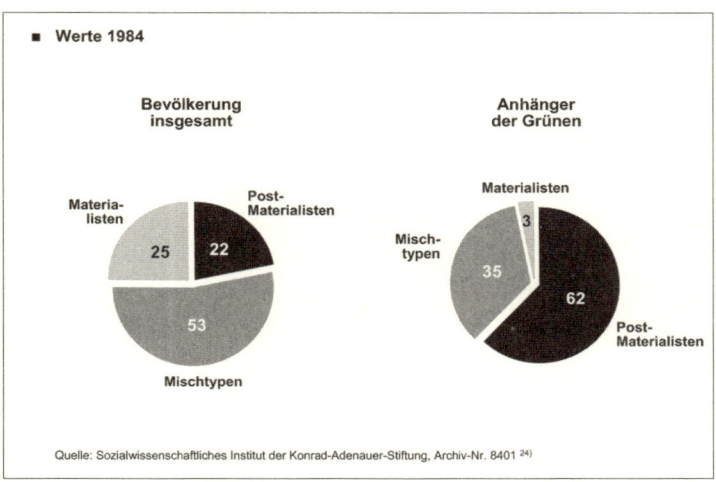

■ Werte 1984

Bevölkerung insgesamt

Anhänger der Grünen

Materia-listen 25

Post-Materialisten 22

Mischtypen 53

Materialisten 3

Misch-typen 35

Post-Materialisten 62

Quelle: Sozialwissenschaftliches Institut der Konrad-Adenauer-Stiftung, Archiv-Nr. 8401 [24]

Bei der Mehrheit der Bürgerinnen und Bürger hatten Anfang der 1980er Jahre ganz eindeutig noch die Ziele und Werte der von Inglehart als „alt" apostrophierten Politik Priorität: Die Lage am Arbeitsmarkt, die Geldwertstabilität, die sozialen Sicherungssysteme, die Finanz- und Steuerpolitik. „Staatsverschuldung" war im Übrigen schon 1980 – und nicht erst 2012 im Zusammenhang mit der Euro-Krise – für viele Bürger ein großes Problem.

Der Ausstieg aus der Kernenergie war 1980 – trotz der massiven Proteste der grünen Aktivisten – nur für 2 Prozent ein drängendes Problem. Wichtiger war (und ist auch 2012) die Sicherung der Energieversorgung – unabhängig davon, wo und mit welcher Energieart der Strom erzeugt wird.

Umweltprobleme spielten 1980 nur für eine Minderheit aller Bürger eine Rolle.

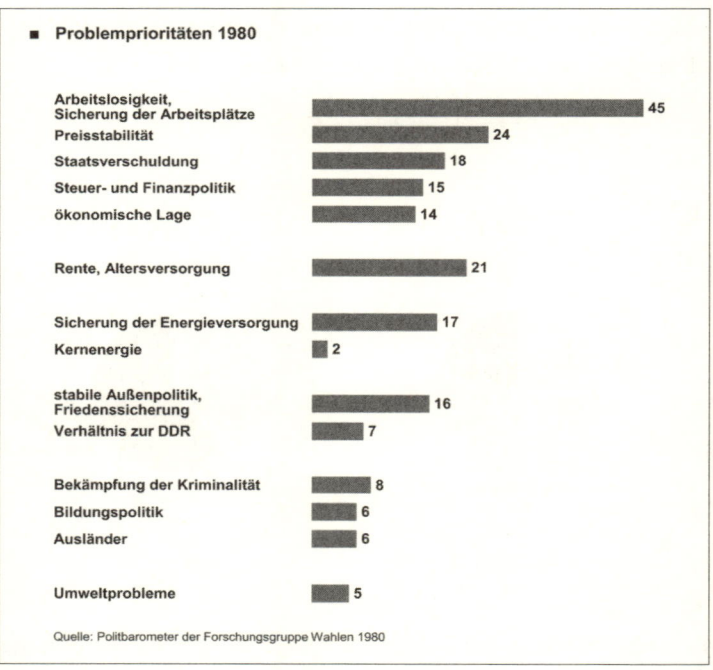

■ **Problemprioritäten 1980**

Arbeitslosigkeit, Sicherung der Arbeitsplätze	45
Preisstabilität	24
Staatsverschuldung	18
Steuer- und Finanzpolitik	15
ökonomische Lage	14
Rente, Altersversorgung	21
Sicherung der Energieversorgung	17
Kernenergie	2
stabile Außenpolitik, Friedenssicherung	16
Verhältnis zur DDR	7
Bekämpfung der Kriminalität	8
Bildungspolitik	6
Ausländer	6
Umweltprobleme	5

Quelle: Politbarometer der Forschungsgruppe Wahlen 1980

Diese Befunde weisen zum einen darauf hin, dass die Aktivisten und Anhänger der grünen Bewegung mit ihren postmaterialistischen Werten nicht die große Mehrheit aller Bürgerinnen und Bürger vertraten, sondern nur die Interessen einer kleinen Minorität aufgriffen, für die Wohlstand und die Sicherung von Notfällen wegen ihrer privilegierten Stellung bzw. Herkunft nicht so wichtig waren. Zum anderen belegen die Ergebnisse auch, dass die von einigen Politikwissenschaftlern bis heute vertretene Ansicht, die Grünen seien eine soziale Bewegung, die erst in den 1970er Jahren entstandene Probleme wie Frauenemanzipation oder Umweltschutz aufgegriffen hätte, wenig zutreffend ist. Diese von den Grünen propagierten Probleme wurden von der Mehrheit der Menschen in den 1970er und 1980er Jahren so nicht empfunden.

Doch der grünen Bewegung ging es weder um die Lösung der Probleme der „alten Politik", die die Mehrzahl der Bürger damals, aber auch noch heute bedrücken, noch überhaupt in erster Linie um konkrete Ziele.

So beschreibt schon der „Bürgerinitiativen-Papst" der 1970er Jahre, Peter C. Mayer-Tasch, seinerzeit Professor für Politikwissenschaft und Rechtstheorie an der Universität München, die Ziele der Grünen 1978 wie folgt: Die Grünen – so sagt er – hätten eine „Panthematik" und zwar eine „aus der mehr oder weniger weitreichenden Kritik unserer Industriekultur erwachsende Projektion von Alternativen für alle Lebensbereiche". In Frage gestellt wurden – zumindest (so Mayer-Tasch) von den grünen Vordenkern und Wortführern – „nahezu alle Werte, die unsere gegenwärtige Industriekultur prägen". Das galt insbesondere für die „Dimension des technologischen Fortschritts und des wirtschaftlichen Wachstums". „Die eigentliche Thematik der Grünen" (und ihrer „geistigen Führer") ist „eine weitreichende strukturelle Revolution, die keinesfalls nur eine punktuelle Antwort auf umweltpolitische Fragestellungen sucht".[25]

Dass es nicht nur der Kerntruppe der grünen Aktivisten, sondern auch den ersten Wählern der grünen Partei Anfang der 1980er Jahre um etwas anderes ging als um die Lösung von konkreten gesellschaftlichen Problemen oder die Verbesserung konkreter ökonomischer Lebenslagen, nämlich letztlich um ein Aufbegehren gegen die Gesellschaft der Väter schlechthin, zeigen auch die Ergebnisse der schon erwähnten Studie der Konrad-Adenauer-Stiftung von 1984. Damals hatten die Deutschen in der Bundesrepublik mehrheitlich Vertrauen zu den der Sicherheit dienenden Institutionen – wie Polizei, Gerichte oder Bundeswehr –, aber auch zur Exekutive und Legislative auf Bundes- und Landesebene. Nur Parteien waren in den 1980er Jahren noch nicht oder schon wieder weniger beliebt als andere Institutionen in der Gesellschaft.

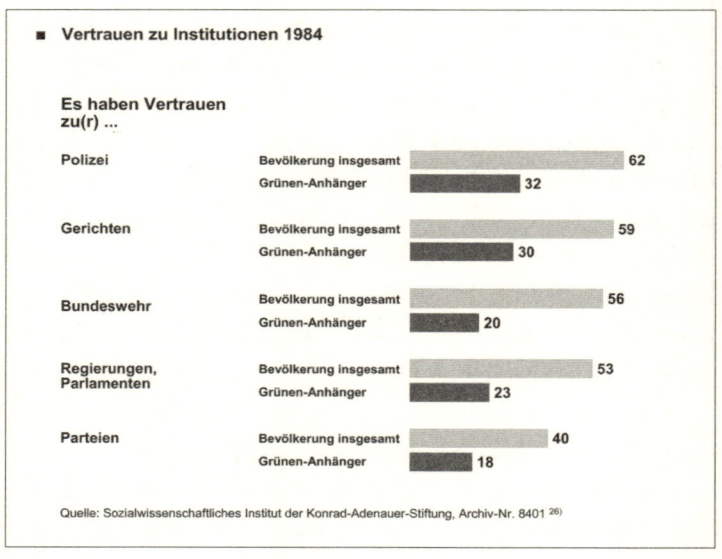

■ **Vertrauen zu Institutionen 1984**

Es haben Vertrauen zu(r) ...

Polizei	Bevölkerung insgesamt	62
	Grünen-Anhänger	32
Gerichten	Bevölkerung insgesamt	59
	Grünen-Anhänger	30
Bundeswehr	Bevölkerung insgesamt	56
	Grünen-Anhänger	20
Regierungen, Parlamenten	Bevölkerung insgesamt	53
	Grünen-Anhänger	23
Parteien	Bevölkerung insgesamt	40
	Grünen-Anhänger	18

Quelle: Sozialwissenschaftliches Institut der Konrad-Adenauer-Stiftung, Archiv-Nr. 8401 [26]

Bei den jungen, aus „guten" Elternhäusern stammenden, eher postmaterialistisch orientierten Anhängern der Grünen aber zeigte sich die schon erwähnte geringe Achtung etablierter Institutionen. Noch nicht einmal ein Drittel der grünen Anhänger hatte Vertrauen zur Polizei oder zu Gerichten und nur ein Fünftel zur Bundeswehr oder zu den Regierungen auf Landes-

oder Bundesebene bzw. zum Bundestag oder den Landesparlamenten.

Eine nüchterne und nicht – aus welchen Gründen auch immer – verklärte oder zu vereinfachende Sicht auf die Anfänge der grünen Bewegung in der Bundesrepublik zeigt, dass die Grünen von Anfang an nicht eine „neue soziale Bewegung" waren, die ausgezogen war, um Missstände in der damaligen Republik zu bekämpfen. Gekämpft wurde vielmehr von vornherein gegen das gesamte System, gegen einen pragmatischen Politikstil, gegen die sich den Notwendigkeiten der Moderne öffnende Gesellschaft. Wie in den 1920er Jahren war der Kristallisationspunkt auch dieser grünen Revolte Ende der 1970er Jahre ein warum und wie auch immer „radikalisierter" Teil des deutschen Bildungsbürgertums.

2.   Die Wähler der Grünen

Die Wahlen in den alten Bundesländern: 1979 bis 1987

Die erste bundesweite Wahl, an der sich die Grünen beteiligten, war die Europawahl 1979, bei der in den damaligen neun Mitgliedsstaaten der Europäischen Gemeinschaft zum ersten Mal die Abgeordneten des Europäischen Parlaments direkt gewählt wurden. Zuvor hatten verschiedene grüne, bunte bzw. alternative Listen bei regionalen Wahlen kandidiert (so z.B. 1976 bei der Kommunalwahl in Niedersachsen, 1978 bei der Kommunalwahl in Schleswig-Holstein, der Bürgerschaftswahl in Hamburg oder den Landtagswahlen in Niedersachsen und Hessen). Durch die hohe Aufmerksamkeit, die diese ersten Kandidaturen ausgelöst hatten, fühlte sich ein Teil der grünen Bewegung ermuntert, bei der Europawahl auch bundesweit zum ersten Mal zu kandidieren. Initiiert vom „Bundesverband Bürgerinitiative Umweltschutz" (BBU), dem Dachverband der Bürgerinitiativen, in dem 1978 ca. 100 Bürgerinitiativen mit ca. 300.000 Mitgliedern zusammengeschlossen waren, konstituierte sich im März 1979 ein Listenbündnis aus verschiedenen grünen Netzwerken unter dem Namen „Sonstige Politische Vereinigung/Die Grünen" (SPV Die Grünen), um an der Europawahl am 10. Juni teilzunehmen. (Nur am Rande sei angemerkt, dass die 300.000 Bürger, die sich irgendwann und irgendwie einmal an einer Initiative beteiligt hatten und deshalb Ende der 1970er Jahre schon als „Massenbewegung" gewertet wurden, sich mehr als relativieren, wenn man bedenkt, dass während einer Spielzeit der ersten Fußball-Bundesliga deren Vereine jedes Wochenende im Durchschnitt 400.000 Zuschauer mobilisieren!)

Die Rahmenbedingungen der ersten Europawahl waren für die neue grüne Gruppierung relativ günstig.

Der in Gang gekommene europäische Vereinigungsprozess wurde zwar – wie bis heute – von einer Mehrheit der Deutschen für richtig befunden; doch konkrete, für die Menschen eingängliche und nachvollziehbare politische Konturen hatte die damalige Europäische Gemeinschaft so wenig wie heute die viel größere Europäische Union. Und über die Aufgaben, die Kompetenzen und die Arbeitsweise des Europäischen Parlaments wusste – ebenfalls wie heute – kaum ein Bürger Bescheid. Zudem gab es – anders als bei Bundestagswahlen – keine den Wahlkampf (sofern er überhaupt richtig stattfand oder wahrgenommen wurde) beherrschenden Themen. Der neuen grünen Gruppierung konnte man deshalb bei der Europawahl gewissermaßen probeweise einmal die Stimme geben, ohne besonders illoyal gegenüber den bisher bei anderen, in ihrer Bedeutung für die Bürger überschaubaren und wichtigeren Wahlen gewählten Parteien zu werden.

890.000 Wahlberechtigte (2,1 %) gaben dann auch am 10. Juni 1979 den Grünen ihre Stimme. Da die Wahlbeteiligung bei der ersten Europawahl mit knapp 66 Prozent im Vergleich zur vorhergehenden Bundestagswahl 1976, als sich fast 91 Prozent der Wahlberechtigen an der Wahl beteiligten, und der nachfolgenden Bundestagswahl 1980 mit einer Wahlbeteiligung von gut 89 Prozent aus damaliger Sicht sehr niedrig war, waren 890.000 Stimmen bzw. 2,1 Prozent aller Wahlberechtigten für 3,2 Prozent der abgegebenen gültigen Stimmen gut. (Heute wäre man ja über eine Beteiligung wie an der ersten Europawahl froh, denn 2004 und 2009 betrug die Wahlbeteiligung an den Europawahlen nur noch 43 Prozent.) Mit 3,2 Prozent der gültigen Stimmen konnte das erste bundesweite grüne Bündnis zwar keinen Abgeordneten ins Europäische

Parlament entsenden, aber man errang einen entsprechend wahrgenommenen und gewürdigten Achtungserfolg.

Noch wichtiger für die weitere Entwicklung der Grünen war aber, dass das grüne Bündnis eine Wahlkampfkostenerstattung in nicht unerheblicher Höhe kassieren konnte. Von der damals vom Bundespräsidenten berufenen Sachverständigen-Kommission zur Neuordnung der Parteienfinanzierung ist in ihrem 1983 vorgelegten Bericht vermerkt worden, dass die Grünen 1979 98,2 (bzw. unter Einschluss weiterer „grüner" Organisationen 96,5) Prozent ihrer gesamten Einnahmen aus der Wahlkampfkostenerstattung erhielten. Bei einer im Bericht angegebenen Gesamteinnahmesumme der Grünen 1979 von 5,990 Millionen DM macht das somit einen Betrag (bei 96,5 %) von fast 5,8 Millionen DM aus.[27]

Es ist nicht von der Hand zu weisen, dass die zu erwartende Wahlkampfkostenerstattung für die damalige Führungsriege (die „geistigen Führer", wie es der schon erwähnte frühe Wegbegleiter der Grünen aus dem Bereich der Wissenschaft, Peter Mayer-Tasch, auszudrücken pflegte[28]) des grünen Bündnisses eine wesentliche Rolle bei ihrer Entscheidung spielte, bei der Europawahl 1979 zu kandidieren. Die Beteiligung an einer bundesweiten Wahl so schnell nach den ersten Gehversuchen bei regionalen Wahlen war und ist ja riskant und eigentlich nicht üblich – trotz der beschriebenen, für die Grünen günstigen Voraussetzungen bei der Wahl 1979. Da die Führungsfiguren der grünen Szene nicht zuletzt durch ihre Verzahnung mit dem öffentlichen Dienst über alle staatlichen Regelungen bestens informiert waren, dürfte ihnen das deutsche Parteienfinanzierungssystem nicht unbekannt gewesen sein, zumal die niedersächsische Grüne Liste Umweltschutz (GLU), die am kandidierenden Bündnis zur Europawahl mit beteiligt war, schon nach der Landtagswahl in Niedersachsen 1978 über

700.000 DM Wahlkampfkostenerstattung erhalten hatte. Während die Grünen die anderen Parteien immer wegen deren Spendenpraxis heftigst kritisierten, ließ man sich selbst ohne jedwede Bedenken vom Staat alimentieren und strich schon 1979 die erhaltene „Staatsknete" ohne Skrupel ein.

Die formale Gründung der Partei der Grünen fand dann nach der Europawahl 1979 im Januar 1980 auf einem Gründungskongress in Karlsruhe statt. Nachdem schon bei der Bremer Bürgerschaftswahl im Oktober 1979 die Bremer Grüne Liste 5,1 Prozent der gültigen Stimmen erhielt und mit vier Abgeordneten in die Bürgerschaft einzog, gelang den Grünen wenige Monate nach der Gründung der Partei auch der Einzug in den Landtag von Baden-Württemberg. Dort erhielten sie bei der Landtagswahl im März 1980 5,3 Prozent der gültigen Stimmen und schafften damit auch hier den Sprung über die 5-Prozent-Hürde. Mit sechs Abgeordneten waren sie damit im Landtag von Stuttgart vertreten.

Nach dem alles in allem respektablen Ergebnis bei der Europawahl 1979 und dem Einzug in die Bremer Bürgerschaft und den Landtag von Baden-Württemberg war es nur folgerichtig, dass die Grünen auch bei der Bundestagswahl im Oktober 1980 kandidierten. Doch bei dieser ersten Bundestagswahl, an der die Grünen teilnahmen, wurden ihre Erwartungen bitter enttäuscht: Sie wurden von deutlich weniger Wählern als bei der Europawahl 1979 gewählt. Statt 890.000 Stimmen wie 1979 erhielten die Grünen 1980 nur rund 570.000 Stimmen. Das waren nur 1,3 Prozent aller Wahlberechtigten und – bei einer Wahlbeteiligung von gut 89 Prozent – auch nur 1,5 Prozent der abgegebenen gültigen Stimmen.

Dass die Erwartungen der Grünen, schon 1980 in den Bundestag einziehen zu können, nicht erfüllt wurden, mag damit zusammenhängen, dass die Organisationskraft der gerade erst gegründeten Partei trotz einer durch die Wahlkampfkostenerstattung prall gefüllten Parteikasse noch nicht stark genug war, um einen gut organisierten Wahlkampf zu führen. Geschwächt wurde die Kampagnenfähigkeit der Grünen zudem dadurch, dass die Heterogenität der verschiedenen Netzwerkgruppen, aus denen sich die grüne Partei zusammengesetzt hatte, noch immer offen oder unterschwellig zu heftigen innerparteilichen Friktionen führte.

Entscheidend für die unterschiedlichen Ergebnisse bei der Europawahl 1979 und der Bundestagswahl 1980 dürfte aber gewesen sein, dass die Rahmenbedingungen beider Wahlen völlig anders waren. Die Europawahl hatte keine große Bedeutung für die meisten Bürger, zumal von ihrem Ergebnis keine unmittelbaren Konsequenzen für den Einzelnen zu erwarten waren. Letztendlich fehlten der Europawahl auch schon damals alle Elemente, die sonst eine Wahl ausmachen.

Das war bei der Bundestagswahl 1980 nicht der Fall. Hier ging es um die wichtige und für die Menschen auch mit entsprechenden Konsequenzen verbundene Frage, wer Deutschland zukünftig regieren und vor allem, wer Bundeskanzler bleiben oder werden sollte. Der Wahlkampf war damals durch die Polarisierung zwischen den beiden Kandidaten und die Frage: „Helmut Schmidt oder Franz Josef Strauß?" überlagert. Auf der einen Seite war der wegen seiner vielfach bewiesenen Führungsqualitäten und seines politischen und ökonomischen Sachverstands überaus geschätzte Amtsinhaber, auf der anderen Seite der bullige, skandalumwitterte, rabulistische aber höchst eloquente und intelligente Franz Josef Strauß. Als CSU-Vorsitzender hatte Strauß zum ersten Mal einen Vertreter der bayerischen Schwesterpartei der CDU als gemeinsamen Kanzlerkandidaten der Union gegen heftigen Widerstand des damaligen CDU-Vorsitzenden Helmut Kohl durchgesetzt. Für

„grüne" Experimente war bei dieser personellen Polarisierung wenig Spielraum.

Doch das änderte sich bei der nächsten Bundestagswahl, die nicht turnusgemäß im Herbst 1984, sondern schon einein- halb Jahre früher, am 6. März 1983, stattfand. Zuvor war zum ersten Mal in der Nachkriegsgeschichte ein Bundeskanzler durch ein konstruktives Misstrauensvotum gestürzt worden.

Helmut Schmidt, obwohl bei den Bürgern unverändert hoch angesehen, war in seiner Partei in immer größere Isolie- rung geraten. Vielerorts hatten in den SPD-Ortsvereinen und -Unterbezirken die in den 1970er Jahren neu in die SPD strö- menden, meist „überbildeten", aus der Mittelschicht und nicht dem klassischen Arbeitermilieu stammenden Mitglieder das Regiment übernommen. Sie wollten, nachdem die SPD mit dem Godesberger Programm von 1959 eine ideologische Ent- rümpelung vorgenommen hatte und damit auch für bürgerli- che Wählerschichten wählbar wurde, eine konsequente „Re- Ideologisierung" der Partei. Doch damit vergraulten sie nicht nur die gerade bei den Wahlen 1969 und 1972 neu zur SPD gekommenen Wähler, sondern entfremdeten die SPD auch ih- rer angestammten Kernwählerschaft der alten gewerkschaft- lich organisierten Industriefacharbeiter, der (wie es einer der beiden Gründer der SPD, Wilhelm Liebknecht, einmal formu- liert hatte) „Arbeiteraristokratie".

Trotz der ungebrochen großen Popularität von Helmut Schmidt musste die SPD vor allem in den Dienstleistungsmet- ropolen, in denen die neuen Mitglieder (überwiegend „Bour- geoissöhnchen") nunmehr die SPD repräsentierten, herbe Ver- luste hinnehmen. So verlor die SPD bei Kommunalwahlen in München zwischen 1972 und 1978 14,9, in Frankfurt am Main zwischen 1972 und 1977 10,2, in Stuttgart zwischen 1971 und 1975 8,1, in Berlin zwischen 1971 und 1975 7,8

Prozentpunkte und selbst in den traditionell von den Sozialdemokraten regierten Hansestädten Hamburg und Bremen (hier trotz der großen Beliebtheit des damaligen Bremer Bürgermeisters Hans Koschnick) zwischen 1970 und 1974 bzw. 1971 und 1975 10,3 bzw. 6,6 Prozentpunkte. In Frankfurt löste 1977 Walter Wallmann von der CDU, in München 1978 Erich Kiesl von der CSU die bis dahin regierenden SPD-Oberbürgermeister ab. Aber auch in Ländern wie Hessen, einst das sozialdemokratische Musterland, ging der SPD-Anteil zwischen 1966 und 1974 um 7,8 Prozentpunkte zurück. Und in Niedersachsen, in dem lange sozialdemokratische Ministerpräsidenten wie Hinrich Wilhelm Kopf oder Georg Diederichs regierten, wurde Ernst Albrecht von der CDU (der Vater der jetzigen Arbeitsministerin Ursula von der Leyen) Ministerpräsident.

Helmut Schmidt konnte bei den Bundestagswahlen 1976 und 1980 diese negative Entwicklung in seiner Partei auf Bundesebene noch überdecken und eine Mehrheit für die sozialliberale Koalition im damaligen Bonn sichern. Doch aufgrund des Niedergangs der SPD in den Kommunen und der sich abzeichnenden Schwäche der SPD in den Ländern wurde die FDP zunehmend nervöser und entschloss sich schließlich 1982 zum Koalitionswechsel. Im Oktober 1982 wurde Helmut Kohl deshalb mit den Stimmen von CDU und CSU sowie denen der FDP zum neuen Kanzler gewählt. Damit hatte die FDP zum zweiten Mal seit 1969 einen Regierungswechsel herbeigeführt. 1969 ging die FDP nach langen Jahren einer Koalition mit der CDU/CSU ein Bündnis mit der SPD ein. Damit beendete sie die 20-jährige Dominanz der Union und ebnete einem Sozialdemokraten (Willy Brandt) den Weg ins Kanzleramt.

Nach der durch den Kanzlersturz im Oktober 1982 entstandenen Lage einigten sich die damals im Bundestag vertretenen Parteien CDU, CSU, FDP und SPD darauf, das Volk entscheiden zu lassen, wer das Land regieren solle, und setzten für den März 1983 Neuwahlen an.

Die Ausgangslage für die neue grüne Partei änderte sich nach dieser fundamentalen Veränderung der politischen Landschaft bei der Wahl 1983 deutlich und wurde viel günstiger als 1980. Eine ähnlich starke Polarisierung wie zwischen Schmidt und Strauß 1980 gab es 1983 zwischen Helmut Kohl, dem neuen, aber nicht sonderlich beliebten Kanzler, und Hans-Jochen Vogel, dem Kanzlerkandidaten der SPD, nicht. Vogel wurde zwar politische Kompetenz zugebilligt, doch Sympathien besaß er bei den Menschen kaum. Anders als Schmidt konnte Vogel zudem die negativen Entwicklungen innerhalb der SPD nicht mehr überdecken, zumal er – wie später auch als SPD-Vorsitzender – keine klaren Positionen bezog, sondern zwischen den verschiedenen Flügeln der Partei lavierte.

Den Grünen kam zudem zugute, dass die SPD nach dem auch von großen Teilen der SPD-Führungs- und Funktionärskader klammheimlich begrüßten Kanzlersturz vom Oktober 1982 – ähnlich wie 2005 nach Schröders Abgang als Kanzler – ihren Kurs änderte und einen deutlichen Links-Schwenk vollzog. Vor allem in der Außen- und Verteidigungspolitik leitete die SPD 1983 eine radikale Kehrtwende ein und näherte sich damit inhaltlichen Positionen der grünen Bewegung.

Diese teilweise starke inhaltliche Annäherung der SPD an die Grünen ist bis heute oft zu registrieren und einer der Gründe, warum die SPD selbst im Laufe der Zeit so viele Wähler verloren hat. Denn bereits die Übernahme grüner Positionen in der Außenpolitik in der Nach-Schmidt-Ära brachte der SPD nicht, wie von „Vordenkern" wie Eppler gemutmaßt, mehr Zustimmung bei den Wählern. Im Gegenteil: Der SPD passierte erwartungsgemäß das, was einer Partei immer dann widerfährt, wenn sie eine im Wettbewerb mit ihr stehende Partei an Radikalität überholen will. Dann wird immer das Original gestärkt, die Kopie aber verliert an Akzeptanz. Genau das geschah 1983 auch. Die Abkehr weiter Teile der SPD-Funktionärskader vom politischen Kurs des damals schon (und nicht erst 2012) bei den Bürgern äußerst populären Helmut Schmidt verschreckte viele frühere Anhänger und Wähler der SPD. Einige von ihnen wanderten ins bürgerliche Lager, andere ins Lager der Nichtwähler.

Vor allem für die Jung- und Erstwähler verlor die Partei jedwede Attraktivität. Nachdem die SPD in der Außen- und Verteidigungspolitik Positionen der Grünen übernommen hatte, wählten die jungen Wähler lieber gleich die Grünen. Die Hoffnung von Teilen der SPD, durch diese Kursänderung für die jungen Wähler wählbarer zu werden, erwies sich als völlige Fehleinschätzung. Gestärkt wurden durch diese außenpolitische Kehrtwende die Grünen mit ihrer originären „Friedenspolitik". 1983 wurden sie von fast 1,6 Millionen Wählern mehr gewählt als drei Jahre zuvor. Die SPD jedoch wurde geschwächt und verlor 1983 im Vergleich zur Wahl 1980 fast 1,4 Millionen Wähler.

Auf dem außerordentlichen SPD-Parteitag in Köln im November 1983 vollzog dann die SPD die Abkehr von der Schmidtschen Politik in einer für Helmut Schmidt demütigenden Art endgültig. Nur noch 14 der Delegierten auf dem Kölner Parteitag stimmten für, 400 jedoch gegen den Schmidtschen Kurs. Hinzu kam, dass bei den Bürgern geachtete Weggenossen Schmidts und Vertreter der Parteimitte – wie Hans Apel, Hans-Jürgen Wischnewski oder Hans Matthöfer – ihren Einfluss in der Partei verloren. Helmut Schmidts Warnung an seine Partei auf dem Kölner Parteitag: „Das Ethos, die Moral als Grundlage der Politik bedürfen zu ihrer Verwirklichung der Ratio, der Vernunft, ja, der Leidenschaft zur Vernunft"[29] wurde von der großen Mehrheit der SPD-Delegierten 1983 mit Gleichgültigkeit oder gar Verachtung quittiert. Doch die vielen „Schmidt-Wähler" kehrten der SPD danach dauerhaft und nicht nur bei der 1983er-Wahl den Rücken. Erst 16 Jahre später wurde die SPD für diesen Wähler-Typus mit einem Kanzlerkandidaten Gerhard Schröder wieder wählbar.

Obwohl manche im Dunstkreis der SPD diese Abkehr von der Schmidtschen Politik noch immer bejubeln und meinen, damit sei die SPD wieder sensibel geworden für Themen der Zeit und vor allem die junge Generation interessierende Themen, trat das Gegenteil ein. Die SPD war damit nicht nur für die Wähler, die ihr der „Bürger-Trend" gebracht hatte, nicht mehr wählbar, sondern auch für die jungen Wähler keinesfalls attraktiver geworden. Die jungen Wähler trieb sie in noch größerer Zahl den Grünen zu und stärkte deren Ausgangslage für die folgende Bundestagswahl 1987.

Im Januar 1987 erreichten die Grünen ihr für lange Zeit bestes Ergebnis. Sie konnten ihren Stimmanteil im Vergleich zu 1983 um knapp 1 Million auf über 3 Millionen steigern. 6,9 Prozent aller Wahlberechtigten wählten 1987 grün. Das machte 8,3 Prozent der gültigen Stimmen aus.

Die Grünen profitierten zudem im Vorfeld der Wahl 1987 von den zum Teil heftigen öffentlichen Diskussionen über zwei Themen: Die Volkszählung und – nach dem Reaktorunglück in Tschernobyl – die Frage der Nutzung der Kernenergie.

Die ursprünglich für 1983 vorgesehene Volkszählung löste bei einer ganzen Reihe von Bürgern Unbehagen aus. Die Volkszählung wurde 1983 und 1987 von der Mehrheit der Bürger nicht mehr als Teil der amtlichen Statistik wahrgenommen, der man an sich großes Vertrauen entgegenbrachte und deren Daten man für staatliches Handeln und staatliche Planungen für unerlässlich hielt. Sie war unbeliebt, weil sie als eher administrativer Akt im Kontext der damals diskutierten Einführung eines maschinenlesbaren Ausweises bzw. einer einheitlichen Personenkennziffer, denn als Teil der vertrauenswürdigen Statistik gesehen wurde. Die Grünen nutzten dieses Unbehagen und bekämpften den Zensus 1983 bzw. 1987 mit drastischen Formulierungen wie „Volksverhör", „Volksaushorchung" oder „Totalerfassung".

■ CDU/CSU-, SPD- und Grünen-Wähler bei den Bundestagswahlen 1980 bis 1987		CDU/CSU	SPD	Grüne
absolut	1980	16.897.659	16.260.677	569.589
	1983	18.998.545	14.865.807	2.167.431
	1987	16.761.572	14.025.763	3.126.256
in % der	1980	44,5	42,9	1,5
gültigen	1983	48,8	38,2	5,6
Stimmen	1987	44,3	37,0	8,3
in % der	1980	39,1	37,6	1,3
Wahl-	1983	43,1	33,7	6,1
berechtigten	1987	37,0	30,9	6,9

Allerdings zeigt die weitere Entwicklung, dass es den Grünen auch beim Thema Volkszählung gar nicht in erster Linie um die Sache, also die Sorge, dass eine unkontrollierbare Datensammlung über jedes Individuum entstehen würde, ging. Hätte diese Sorge damals im Mittelpunkt der Proteste der Grünen gestanden, hätten sie bei späteren Maßnahmen noch viel heftiger protestieren müssen als zwischen 1983 und 1987 gegen die Volkszählung. Doch die faktische Aufhebung des Bankgeheimnisses, die über die Hintertür einer einheitlichen Steuernummer praktisch doch eingeführte einheitliche Personenkennziffer oder das Datenmonster „ELENA", bei dem in der sinnigerweise „Z-SS" genannten „Zentralen Speicherstelle" in Würzburg alle möglichen und unmöglichen Daten jedes Arbeitnehmers gesammelt und für alle nur erdenklichen Zugriffe von Seiten der Bürokratie vorgehalten werden, wurden von den Grünen ohne größere Proteste hingenommen. Die Grünen scheinen solche Datensammlungen auch deshalb hinzunehmen oder gar zu fördern, weil sie die Kontrollwut der staatlichen Bürokratie bei der Durchsetzung vieler ihrer Ziele benötigen. Vor der Bundestagswahl 1987 aber konnten die Grünen die bei den Bürgern vorhandenen Vorbehalte gegen die Volkszählung (die Erhebungsbögen wurden seinerzeit von einem großen Teil nicht aus Überzeugung, sondern nur aus Angst vor dem angedrohten Bußgeld ausgefüllt) zur Mobilisierung ihrer potenziellen Anhänger nutzen.

Noch wichtiger für die Mobilisierung der grünen Anhänger aber war im Hinblick auf die Bundestagswahl im Januar 1987 das Reaktorunglück in Tschernobyl im Frühjahr 1986. Das gab den Grünen die Möglichkeit, ihr „Ur-Thema", den Kampf gegen die Atomkraft, wieder verstärkt aufzugreifen, und die durch Tschernobyl bei vielen Menschen ausgelöste Angst vor der Kernenergie für sich zu nutzen. Wie schon beim Friedensthema kam ihnen auch beim Thema Kernenergie die SPD zu Hilfe. Nachdem die SPD 20 Jahre für die friedliche Nutzung der Kernenergie eingetreten war, änderte sie 1986 nach Tschernobyl und nachdem Umfragen zeigten, dass zwei Drittel aller Bundesbürger gegen die weitere Nutzung der Atomkraft zur Erzeugung von Energie Bedenken hatten, ihre Energiepolitik. In einer – ähnlich der „Energiewende" von 2011 – abrupten Kehrtwende wurden die Sozialdemokraten von Befürwortern zu Gegnern der friedlichen Nutzung der Kernenergie.

Doch auch dieser 1986 vorgenommene weitere Schwenk in Richtung originärer grüner Positionen brachte den Sozialdemokraten kein neues Vertrauen, sondern kostete weitere Wählerstimmen. Selbst diejenigen, die einen Ausstieg aus der Kernenergie für richtig hielten, kehrten der SPD den Rücken, weil sie deren abrupte Kehrtwende als wenig glaubwürdig und opportunistisch brandmarkten. Gerhard Schröder, der vor dieser Kehrtwende durchaus Chancen gehabt hätte, Ernst Albrecht schon 1986 und nicht erst 1990 als Ministerpräsidenten in Hannover abzulösen, verlor die Landtagswahl im Juni 1986. Und Johannes Rau wurde im Januar 1987 nicht Kanzler, obwohl Helmut Kohl nach einer Reihe von Pleiten, Pannen und Peinlichkeiten in den ersten vier Jahren seiner Kanzlerschaft bei der Mehrheit der Bürger weiter unbeliebt blieb. Rau wurde aber von seiner Partei gezwungen, seinen auf seine Person abgestellten Wahlkampf – der 1985 in Nordrhein-Westfalen zum sensationellen Wahlsieg mit 52,1 Prozent der gültigen Stimmen geführt hatte – aufzugeben und stattdessen einen Programm-Wahlkampf u.a. mit der Kehrtwende in der Energiepolitik zu führen. Doch das lag Rau nicht, zumal er viele Programmpunkte der in seiner Partei immer mehr Oberwasser bekommenden Linken nicht teilen konnte.

Obwohl Kohl wegen seiner geringen Popularität im Januar 1987 deutlich weniger Stimmen als 1983 bei seiner ersten Wahl als Kanzler erhielt (die Stimmen der Union gingen um 2,2 Millionen von fast 19 Millionen auf knapp 17 Millionen zurück), erhielt 1987 auch die SPD 840.000 Stimmen weniger als 1983.

Wahlgewinner waren die Grünen, die ihren Stimmenanteil um mehr als 950.000 von knapp 2,2 Millionen auf über 3,1 Millionen vergrößern konnten.

Die Ergebnisse der Bundestagswahlen 1983 und 1987 zeigten im Übrigen auch, wie falsch die Einschätzungen von Teilen der SPD und die auf der Basis dieser Fehleinschätzungen vorgenommenen Kursänderungen der SPD waren. Eppler z.B., der in dem schon erwähnten SPIEGEL-Gespräch von 1978 sein „baden-württembergisches Modell" als Gegenbild zur Schmidtschen Politik lobte und die damit einhergehende Annäherung an die Grünen für den richtigen Weg hielt, sah in der grünen Bewegung ein Zeichen für einen tiefergehenden Bewusstseinswandel bei den jüngeren Wählern. Das müsse die SPD – so Eppler – wie in Baden-Württemberg durch intensive Gespräche mit den Grünen und letztlich deren Integration auffangen.

Doch die Befolgung von Epplers Ratschlägen stärkte nicht die SPD, sondern die Grünen. Dabei zeigt die nachstehende Abbildung, dass der Abwärtstrend der SPD in Epplers Baden-Württemberg – im Vergleich zum übrigen Bundesgebiet, aber auch zu einem Land wie Nordrhein-Westfalen, wo Johannes Rau als Ministerpräsident eher einen pragmatischen Politikstil ohne Anbiederung an die grüne Bewegung verfolgte – größer, der Aufwärtstrend der Grünen aber ausgeprägter war. Dass die baden-württembergische SPD wegen des auch von Epplers Nachfolgern fortgesetzten grün-linken Kurses auch bei Landtagswahlen immer mehr Wähler verlor und letztlich 2011 hinter CDU und Grünen nur noch drittstärkste Partei wurde, sei nur am Rande erwähnt.

Mit ihrem Linksschwenk nach Schmidts Sturz verlor die SPD nicht nur bisherige Wähler, sondern konnte auch bei jungen Wählern kein Vertrauen gewinnen. Im Gegenteil: Die Verluste waren zwischen 1980, der letzten Helmut-Schmidt-Wahl, und den Wahlen 1983 und 1987 ohne Helmut Schmidt in den beiden Altersgruppen der 18- bis 24- sowie der 25- bis 34-Jährigen viel größer als in den anderen Altersgruppen. Die SPD erhielt vor allem keinen Zulauf mehr von den 25- bis 34-jährigen Wählern, die bei früheren Wahlen zur SPD gefunden hatten, wenn sie nach Auszug aus dem Elternhaus und nach Schul- und Berufsausbildung ihren Platz in der Gesellschaft fanden. Diese frühere „Wählerquelle" der SPD versiegte, stattdessen wanderten diese potenziellen Wähler jetzt ins Lager der Grünen.

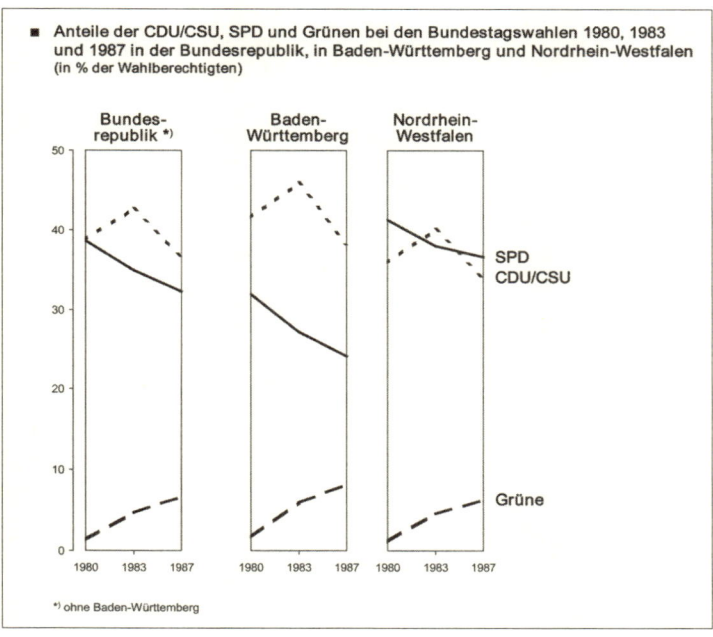

■ Anteile der CDU/CSU, SPD und Grünen bei den Bundestagswahlen 1980, 1983 und 1987 in der Bundesrepublik, in Baden-Württemberg und Nordrhein-Westfalen (in % der Wahlberechtigten)

*) ohne Baden-Württemberg

1987 zeigte sich auch zum ersten Mal, dass sich das Wahlverhalten der grünen Erstwähler mit zunehmendem Alter nicht wieder änderte. Bei den ersten Wahlerfolgen der Grünen – gerade in der jüngeren Wählerschaft – war ja noch nicht klar, ob der aus bürgerlichem Elternhaus stammende grün wählende Student auch nach Beendigung seines Studiums noch grün wählen oder ob er nicht doch wieder – wie sein Vater – der

53

CDU oder CSU die Stimme geben würde. Doch die Repräsentative Wahlstatistik zeigt, dass diejenigen, die als 19- bis 25-Jährige 1980 zum ersten Mal den Grünen ihre Stimme gaben, auch sieben Jahre später bei der Bundestagswahl 1987 die Grünen wieder wählten.

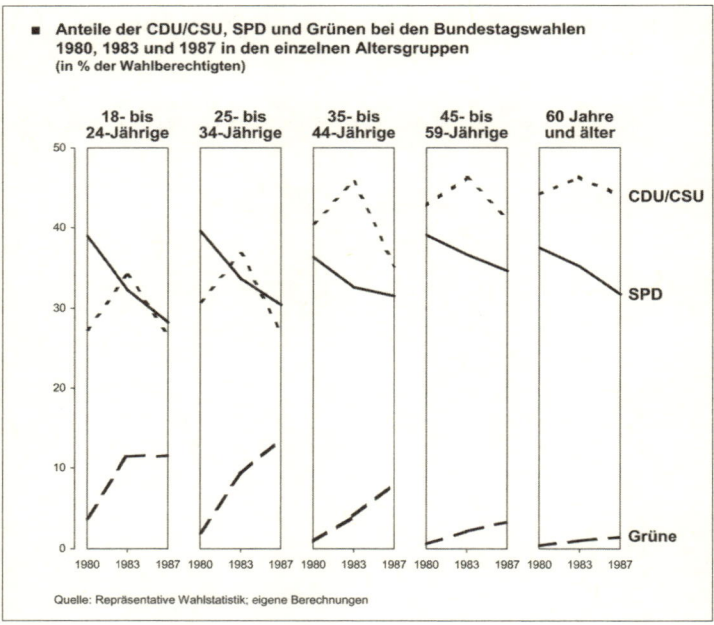

■ Anteile der CDU/CSU, SPD und Grünen bei den Bundestagswahlen 1980, 1983 und 1987 in den einzelnen Altersgruppen
(in % der Wahlberechtigten)

Quelle: Repräsentative Wahlstatistik; eigene Berechnungen

Dadurch, dass die grünen Wähler ihr einmal „erlerntes" Wahlverhalten auch bei späteren Wahlen nicht änderten, verschob sich die Altersstruktur der Wähler der grünen Partei entsprechend. Waren 1980 noch 43 Prozent der grünen Wähler 18 bis 24 Jahre alt, sank der Anteil bei den nachfolgenden Wahlen 1983 und 1987 auf 33 bzw. 23 Prozent. Durch das tradierte Wahlverhalten stieg dafür der Grünen-Anteil in der nächstälteren Gruppe der 25- bis 34-Jährigen von 27 Prozent 1980 auf 38 Prozent 1987.

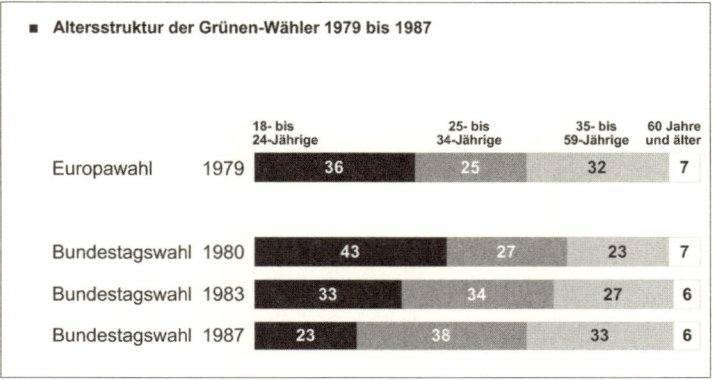

■ Altersstruktur der Grünen-Wähler 1979 bis 1987

		18- bis 24-Jährige	25- bis 34-Jährige	35- bis 59-Jährige	60 Jahre und älter
Europawahl	1979	36	25	32	7
Bundestagswahl	1980	43	27	23	7
Bundestagswahl	1983	33	34	27	6
Bundestagswahl	1987	23	38	33	6

1987 wurden die Grünen in der alten Bundesrepublik von vielen Wählern gewählt, die jünger als 35 Jahre alt waren. Und da diese jungen grünen Wähler ihr Wahlverhalten auch mit zunehmendem Alter beizubehalten schienen, konnten die Grünen von weiteren Erfolgen bei nachfolgenden Wahlen träumen.

Die Wahlen im wiedervereinten Deutschland

Doch der Höhenflug der Grünen setzte sich nach ihren Zuwächsen zwischen 1980 und 1987 bei der ersten gesamtdeutschen Wahl 1990 nicht fort – im Gegenteil: Die Grünen erlitten einen herben Rückschlag.

Bei der Wahl am 2. Dezember 1990 kamen die Grünen in den alten und neuen Ländern zusammen zwar auf 5,1 Prozent der gültigen Stimmen, doch zogen sie nur mit acht, in den neuen Ländern gewählten Abgeordneten des Bündnis '90 in den Bundestag ein, weil es 1990 zwei Wahlgebiete gab, die von den Grünen selbst auf juristischem Wege erstritten wurden. Doch da die Grünen es, anders als die anderen Parteien, unterlassen hatten,

55

ein Listenbündnis zwischen Ost- und West-Grünen herzustellen, konnten bei der Verteilung der Mandate nur die 6,1 Prozent der gültigen Stimmen in den neuen Ländern, nicht jedoch die 4,8 Prozent in den alten Ländern berücksichtigt werden.

Die Grünen, berauscht von ihren bisherigen Erfolgen und überzeugt von der Richtigkeit ihrer Werte und Ziele, hatten keinen Gedanken daran verschwendet, 1990 vielleicht nicht so viele Stimmen erhalten zu können wie bei den Wahlen zuvor. Ihre geringe Toleranz gegenüber von ihren Überzeugungen abweichenden Einstellungen führte zudem dazu, dass sie die entgegen ihrer eigenen Sicht und Interpretation des Geschehens in Deutschland bei der Mehrheit der Menschen in Ost und West vorhandene Freude über die Wiedervereinigung nicht wahrnahmen oder nicht wahrhaben wollten. Dies zeigte sich dann bei ihrer Wahlwerbung von 1990: Obwohl die Vereinigung beider deutscher Staaten bei den meisten Bürgern eher freudige Emotionen auslöste, warben die Grünen mit dem völlig unpassenden Slogan: „Alle reden von Deutschland, wir reden vom Wetter", den allenfalls die grünen Eiferer, nicht jedoch die Bürger insgesamt geistreich fanden.

Doch von der Niederlage 1990 erholten sich die Grünen in den alten Bundesländern relativ schnell. Bei der nächsten Bundestagswahl 1994 konnten die Grünen ihren Anteil wieder auf 7,8 Prozent der gültigen Stimmen steigern. Von allen Wahlberechtigten in den alten Bundesländern waren dies 6,2 Prozent. Das waren zwar weniger Wähler als 1987, als 6,9 Prozent der Wahlberechtigten den Grünen ihre Stimme gaben, aber deutlich mehr Wähler als 1990.

Wiederum kam den Grünen – wie schon bei den Wahlen 1983 und 1987 – auch 1994 die Schwäche der SPD zugute; denn mit Rudolf Scharping hatte die SPD einen Kanzlerkandidaten, der nach vielen Fehlern und Patzern im Wahlkampf im Urteil der Wähler weder Sympathie noch Kompetenz besaß. Obwohl Anfang 1994 viele Wähler der Union von 1990 mit ihrer Partei und mit Kanzler Kohl eher wenig zufrieden waren, kehrten sie im Laufe des Wahljahres 1994 wieder zu ihrer Partei zurück, da sie sich bei der Alternative Kohl – Scharping dann trotz mancher Vorbehalte gegen den amtierenden Kanzler letztendlich wegen der Farblosigkeit des gähnende Langeweile verströmenden SPD-Kanzlerkandidaten doch lieber für Kohl als für Scharping entschieden. Dank Scharpings geringer Attraktivität wählten 1994 in den alten Bundesländern auch wieder die jungen Wähler eher die Grünen als die SPD.

In den neuen Ländern jedoch wurde das Ergebnis von 1990, das im Wesentlichen dem Bündnis '90 und damit den Vertretern der Bürgerrechtsbewegung der DDR zu verdanken war, bei keiner der nachfolgenden Bundestagswahlen wieder erreicht. Selbst 2009, als die Grünen im gesamtdeutschen Durchschnitt ihr bisher bestes Ergebnis erzielten, kamen sie in den neuen Ländern nur auf 6,8 Prozent der gültigen Stimmen. Doch dieser im Vergleich zu 1990 höhere Anteil der gültigen Stimmen bei der Bundestagswahl 2009 beruhte nur darauf, dass die Wahlbeteiligung in den neuen Ländern 2009 mit 64,7 Prozent deutlich niedriger war als 1990 mit 74,5 Prozent. Die Zahl der Wähler war 2009 aber mit 519.000 (= 4,3 Prozent der Wahlberechtigten) niedriger als 1990 mit 556.000 (das entsprach 4,5 Prozent aller ostdeutschen Wahlberechtigten).

Im Gegensatz zu den neuen Ländern konnten die Grünen in ihrem „Stammland", der alten Bundesrepublik, ihren Stimmenanteil bis 2009 zwar nicht völlig gleichmäßig von Wahl zu Wahl, aber in der Tendenz letztendlich doch kontinuierlich ausbauen.

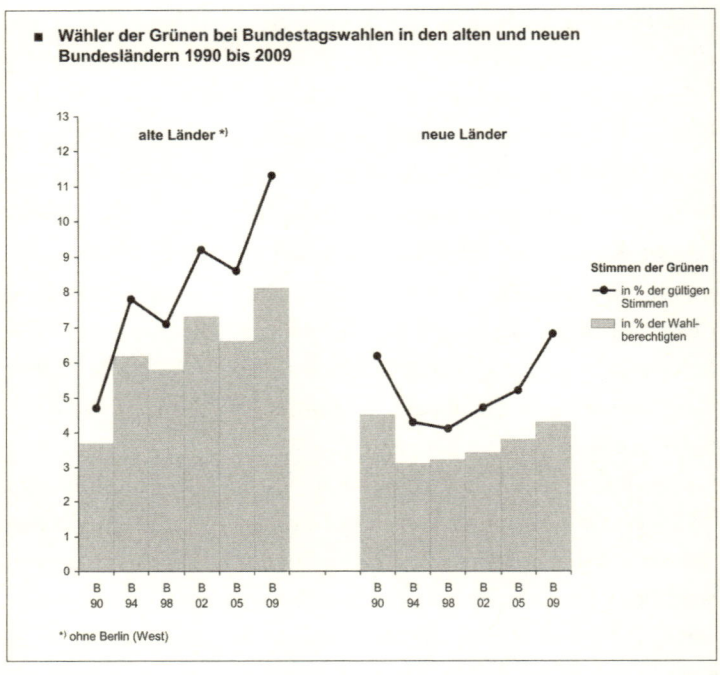

■ Wähler der Grünen bei Bundestagswahlen in den alten und neuen Bundesländern 1990 bis 2009

alte Länder *)

neue Länder

Stimmen der Grünen

— in % der gültigen Stimmen

in % der Wahlberechtigten

B 90 B 94 B 98 B 02 B 05 B 09   B 90 B 94 B 98 B 02 B 05 B 09

*) ohne Berlin (West)

Bei der Bundestagswahl 1998, als zum ersten Mal in der Wahlgeschichte der Bundesrepublik eine Regierung abgewählt wurde, erhielten die Grünen mit 6,7 Prozent der gültigen Stimmen noch einen etwas geringeren Anteil als 1994 mit 7,3 Prozent der gültigen Stimmen.

Das lag zum einen an manche Bürger doch abschreckenden Beschlüssen der Grünen – wie den, den Benzinpreis auf 5 DM zu erhöhen –, aber auch daran, dass die SPD mit Gerhard Schröder zum ersten Mal seit 1980, als Helmut Schmidt zum letzten Mal kandidierte, wieder einen Kanzlerkandidaten hatte, den die Wähler sympathisch fanden und von dem sie sich Kompetenz erhofften. Rau hatte 1987 zwar auch viele Sympathien, doch wurde er – wie dargestellt – von der eigenen Partei im Wahlkampf im Stich gelassen. Schröder aber konnte

1998 seinen Wahlkampf so führen, wie er wollte. Oskar Lafontaine, der damalige SPD-Vorsitzende, hielt sich zwar selbst (wahrscheinlich bis heute) für den besseren Kandidaten (und wahrscheinlich auch Kanzler), aber angesichts der guten Umfragewerte für Schröder, aber vor allem nach Schröders für Lafontaine unerwartet klarem Sieg bei der niedersächsischen Landtagswahl im März 1998, musste er einräumen, dass die SPD mit Schröder bessere Chancen als mit einem Kandidaten Lafontaine hatte. Zwischen März 1998 – der faktischen Nominierung von Schröder zum SPD-Kanzlerkandidaten – und September – dem Zeitpunkt der Bundestagswahl – hielt Lafontaine die SPD zusammen und somit Schröder den Rücken für seinen Wahlkampf frei.

Schröder führte 1998 keinen Lager- bzw. Koalitionswahlkampf, sondern konzentrierte sich auf eine Ablösung von Helmut Kohl, dem viele Bürger nach 16 Jahren den empfundenen „Reformstau" in Deutschland anlasteten. Schröder versprach, nicht alles anders, aber vieles „besser" zu machen. Nach Schröders Nominierung zum Kanzlerkandidaten setzte dann ein regelrechter „Schröder-Sog" ein. Viele an sich der SPD zuneigenden Wähler, die wegen des Zustands der SPD und ihres programmatischen und personellen Angebots bei den Wahlen zuvor ins „bürgerliche" Lager gewandert waren, kehrten zur SPD zurück. Die SPD war mit Schröder wieder wählbar geworden, so dass die Attraktivität der Grünen für einige Wählergruppen relativiert wurde. Und da die Frage einer Regierungskoalition bei den Meinungsbildungs- und Entscheidungsprozessen der Bürger 1998 so gut wie keine Rolle spielte, wurden die Grünen auch nicht in der Rolle eines möglichen Mehrheitsbeschaffers für eine Koalition mit der SPD gesehen, zumal Schröder 1998 auch keine Koalition mit den Grünen auf Bundesebene anstrebte.

Erst nachdem Schröder 1998 aufgrund der klaren, durch viele Überhangmandate zustande gekommenen Mandatsmehrheit im Bundestag doch eine Koalition mit den Grünen bilden musste, entstand so etwas wie ein rot-grünes Lager. 2002 gab es deshalb auch zum ersten Mal einen rot-grünen Lagerwahlkampf. Die Grünen erhielten dadurch fast 810.000 Stimmen mehr als 1998, während die SPD fast 1,7 Millionen Stimmen weniger erhielt. Mit ihrem Stimmenzuwachs sicherten die Grünen 2002 den Fortbestand der damaligen Regierung.

2005 erhielten die Grünen dann bei der vorgezogenen Neuwahl des Bundestags wieder (wie auch die SPD) weniger Stimmen als bei der vorausgegangenen Wahl, weil die rot-grüne Bundesregierung nach sieben Jahren insgesamt als eher regierungsunfähig eingestuft wurde. In der Endphase der rot-grünen Regierung wurde die Regierungspolitik von vielen Bürgern als „verworren" und „sprunghaft", nicht jedoch als „geradlinig" und „klar" empfunden.

Doch nach vier Jahren Großer Koalition zwischen 2005 und 2009 konnten die Grünen ihren Stimmenanteil aus der Opposition heraus wieder steigern. Dabei half ihnen ein weiteres Mal die SPD, die nach Schröders Abgang aus der Politik mit ihrem 8. Vorsitzenden nach Willy Brandt, dem rheinland-pfälzischen Ministerpräsidenten Kurt Beck, wie nach dem Sturz von Helmut Schmidt wieder einen Kurswechsel vollzog und stärker auf einen Links-Kurs einschwenkte.

So wie die SPD nach dem Sturz von Helmut Schmidt ihm und nicht der Entwicklung in der Partei die Schuld am damaligen Vertrauensschwund gab (obwohl Schmidt seine Partei 1976 und 1980 bei den Bundestagswahlen noch vor einem Wählerabsturz bewahrt hatte), so gab sie Schröder und nicht denen die Schuld am aktuellen Vertrauensrückgang, die Schröders, von der Mehrheit der Bürger immer mitgetragene Modernisierungs- und Erneuerungspolitik bekämpft und damit letztlich das Ende der Regierung Schröder herbeigeführt hatten. Die Schrödersche Politik und seine „Agenda 2010" (eine schreckliche Bezeichnung, die Schröder für seine Modernisierungspolitik gewählt hatte) wurde von der SPD für die großen Wählerverluste der SPD zwischen 1998 und 2009 allein verantwortlich gemacht. Doch in Wirklichkeit war es Kurt Beck, der wohl schwächste SPD-Vorsitzende in der über 140-jährigen Geschichte der SPD (noch schwächer als Scharping), der mit seinem zu provinziellen Auftreten sowie der Billigung von Andrea Ypsilantis Ego-Trip in Hessen frühere SPD-Wähler vergraulte. Ypsilantis, von der großen Mehrheit der Hessen (selbst von 70 Prozent der hessischen SPD-Wähler) missbilligter Versuch, sich trotz anderslautender Beteuerungen vor der Wahl mit den Stimmen der Linken zur Ministerpräsidentin wählen zu lassen, kostete 2009 die SPD auch bundesweit jedwede Glaubwürdigkeit.

Wie abwegig die einseitige Schuldzuweisung vieler SPD-Funktionäre an die Schrödersche Regierungspolitik ist, zeigt allein ein Blick auf die Wahlergebnisse: Zwischen 1998 und 2002 verlor die SPD von ihren über 20 Millionen Wählern (1998 mit dem Kandidaten Schröder) 1,7 Millionen. Zwischen 2002 und 2005 verlor sie 2,2 Millionen. Doch als Schröder längst aus der Politik ausgeschieden war, verlor sie zwischen 2005 und 2009 6,2 Millionen Wähler und erhielt noch nicht einmal mehr 10 Millionen Stimmen. So wenig Wahlberechtigte wie 2009 (16 von 100) hatte die SPD zuletzt bei der Reichstagswahl 1924 mobilisiert!

Zwischen 1998 und 2009 verlor die SPD insofern über 10 Millionen Wähler – ein Wählerschwund von über 50 Prozent! Allerdings hat auch die Union seit 1998, als sie nach 16-jähriger Regierungszeit mit Kohl abgewählt wurde, weitere Vertrauensverluste zu verzeichnen. Der Vertrauensrückgang der Union wurde nur kurz 2002 unterbrochen, als der damalige Kanzler-kandidat Edmund Stoiber (der als zweiter CSU-Vertreter nach Franz Josef Strauß 1980 gemeinsamer Kandidat der Union wurde) rund 1 Million zusätzliche CSU-Stimmen in Bayern mobilisierte, die weder durch Kohl noch durch Merkel gewonnen werden konnten. Insgesamt erhielt die Union 2009 rund 17 Prozent weniger Stimmen als noch 1998 bei der letzten „Helmut-Kohl-Wahl". Dass sie 2009 dennoch wieder eine bürgerliche Koalition mit der FDP bilden konnte, verdankte sie der FDP, die 2009 auf 14,6 Prozent der gültigen Stimmen kam.

■ Wähler und Nichtwähler bei den Bundestagswahlen 1998 bis 2009					
		Nichtwähler		Wähler der:	
			CDU/CSU	SPD	Grünen
absolut	1998	10.764.239	17.329.388	20.181.269	3.301.624
	2002	12.850.107	18.482.641	18.488.668	4.110.355
	2005	13.826.577	16.631.049	16.194.665	3.838.326
	2009	18.162.914	14.658.515	9.990.488	4.643.272
in % der	1998	–	35,2	40,9	6,7
gültigen	2002	–	38,5	38,5	8,6
Stimmen	2005	–	35,2	34,2	8,1
	2009	–	33,8	23,0	10,7
in % der	1998	17,7	28,5	33,2	5,4
Wahl-	2002	20,9	30,1	30,1	6,7
berechtigten	2005	22,3	26,9	26,2	6,2
	2009	29,2	23,6	16,1	7,5

Im Gegensatz zur Union und zur SPD konnten die Grünen ihren Stimmenanteil – obwohl inzwischen in der Opposition – von 1998 bis 2009 in ganz Deutschland um 1,3 Millionen oder gut 40 Prozent steigern. 2009 wurden die Grünen in den alten Bundesländern von mehr als 3,9 Millionen Wählern (8,1 Prozent der Wahlberechtigten), in den neuen Ländern von

519.000 Wählern (das sind 4,3 Prozent der ostdeutschen Wahlberechtigten) gewählt. Das zeigt, dass die Grünen im Wesentlichen ein Produkt der westdeutschen Wohlstandsgesellschaft geblieben sind. Im Osten des Landes haben sie keine auch nur annähernd so große Wählersubstanz wie in den alten Bundesländern, weil ein für die Spätphase der westdeutschen Nachkriegsgesellschaft typisches „postmaterialistisches" Milieu so in Ostdeutschland nicht vorhanden war und ist.

Insgesamt zeichnet sich die grüne Wählersubstanz durch eine recht große Stabilität aus. So machte der Anteil der „Alt-Grünen", also jener, die auch schon bei den vorhergehenden Wahlen die grüne Partei gewählt hatten, bei den meisten Bundestagswahlen seit der Wiedervereinigung mehr als drei Fünftel der gesamten grünen Wählerschaft aus. Dass 1990, bei der ersten Wahl im vereinigten Deutschland, dieser Anteil größer war, ergibt sich daraus, dass die Grünen damals aus den dargestellten Gründen nur noch von den treuesten ihrer treuen Anhänger gewählt wurden, aber im Vergleich zu 1987 nur noch wenige frühere Wähler anderer Parteien gewinnen konnten. Niedriger war der Anteil der „alt-grünen" Kernwähler dann 1994, als es den Grünen gelang, 1990 zu anderen Parteien oder ins Lager der Nichtwähler abgewanderte Wähler wieder zurückzugewinnen. 2009 war dann der Anteil des „alt-grünen" Wählerkerns unter den gesamten Wählern der Grünen wieder niedriger als bei den Wahlen 1998, 2002 und 2005, weil wegen der Schwäche der SPD eine Reihe früherer SPD-Wähler zu den Grünen gewandert waren.

Diese Zuwanderungen von der SPD zu den Grünen, die – wenn auch nicht so zahlreich wie 2009 – schon 2002 und 2005 zu registrieren waren, wurden von den Politologen Klein und Falter als „Leihstimmen" von der SPD interpretiert, die nicht im Sinne „dauerhafter Substanzgewinne" der Grünen aufgefasst werden könnten. Doch das dürfte so nicht richtig sein; denn die Wähler, die 2005 und 2009 von der SPD abgewandert sind, sind der SPD dauerhaft und nicht nur bei einer Wahl verloren gegangen.

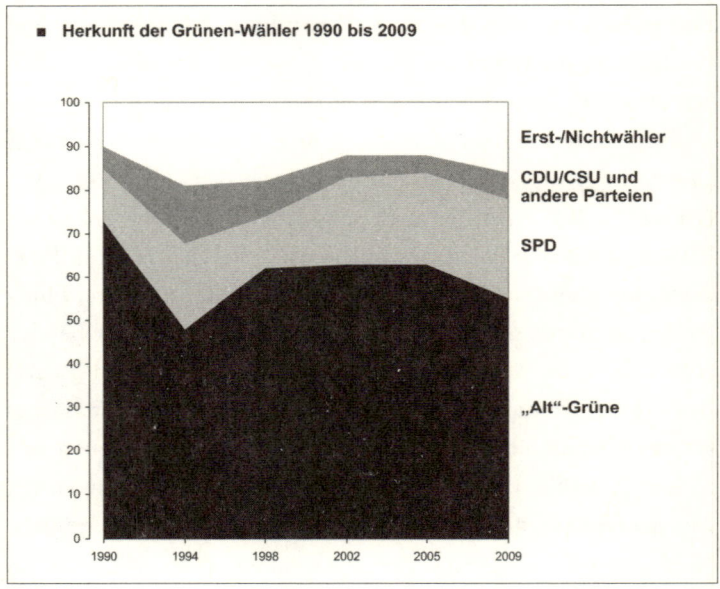

■ Herkunft der Grünen-Wähler 1990 bis 2009

Klein und Falter glaubten 2003 auch, dass „ein etwaiger Verlust der Regierungsmacht für die Grünen auf dem Wählermarkt fatale Folgen haben" würde und, dass „ohne Fischer ... das weitere Überleben der Partei durchaus fraglich" sei.[30]

Sie sahen die Grünen deshalb in einer „Krise". Doch diese von Falter und Klein vorhergesagte Krise ist seit 2003 nicht eingetreten. Ohne Regierungsmacht auf Bundesebene und ohne Fischer erzielten die Grünen bei der Bundestagswahl 2009 ihr bisher bestes Ergebnis. Wie bei allen bisherigen Wahlen, bei denen die Grünen erfolgreich waren, haben sie allerdings auch 2009 von der Schwäche der SPD profitiert. Immer, wenn sich die SPD nicht klar von den Grünen abgegrenzt hat (wie es z.B. Schröder 1998 getan hatte), verhalfen sie den Grünen zu ihrem guten Abschneiden bei Wahlen.

Das hat sich offenbar – wie im Nachfolgenden gezeigt wird – auch nach 2009 nicht geändert, so dass die Faltersche grüne „Krise" auch seither nicht eingetreten ist.

3. Die Entwicklung des grünen Wählerpotenzials seit 2009

Bei der Bundestagswahl 2009 wurden die Grünen von 4,6 Millionen Wählern gewählt und erzielten damit ihr bisher bestes Ergebnis bei einer bundesweiten Wahl. Doch wie hat sich das Wählerpotenzial der Grünen entwickelt, seitdem – zum ersten Mal seit 1998 – auf Bundesebene wieder eine „bürgerliche" Koalition aus CDU, CSU und FDP die Mehrheit im Bundestag hat und das Land regieren kann?

Dieser Frage soll im Nachfolgenden nachgegangen werden, indem zum einen die Ergebnisse der Grünen bei den seit 2009 stattgefundenen Landtagswahlen analysiert und zum anderen die Verankerung der Grünen auf lokaler Ebene – vor allem in den urbanen Metropolen – sowie die Anteile der Grünen bei den bundesweiten Umfragen seit der letzten Bundestagswahl dargestellt werden.

Die Stärke der Grünen bei den Landtagswahlen seit 2009

In zehn Bundesländern fanden seit 2009 (Nordrhein-Westfalen 2010 und 2012, Hamburg, Sachsen-Anhalt, Rheinland-Pfalz, Baden-Württemberg, Bremen, Mecklenburg-Vorpommern, Berlin, dem Saarland und Schleswig-Holstein) Landtagswahlen (bzw. in Hamburg und Bremen Bürgerschafts- und in Berlin Abgeordnetenhauswahlen) statt.

Rechnet man die Stimmen der Grünen bei diesen Landtagswahlen zusammen, dann sind die Grünen von insgesamt 3.159.000 Wählern gewählt worden. Das entspricht 15,4 Prozent der in allen zehn Ländern abgegebenen gültigen Stimmen.

Rechnet man die Stimmen, die die Grünen bei der Bundestagswahl 2009 in diesen zehn Ländern erhalten haben, zusammen, kommt man auf eine Summe von 2.756.000 Stimmen. Das entsprach 2009 einem Anteil von 11,4 Prozent der abgegebenen gültigen Stimmen.

■ Wähler in den zehn Bundesländern*, in denen seit 2009 Landtagswahlen stattfanden	absolut		Prozentanteile auf der Basis der			
	Bundestagswahl 2009	Landtagswahlen seit 2009	gültigen Stimmen 2009 %	seit 2009 %	Wahlberechtigten 2009 %	seit 2009 %
Grünen	2.756.629	3.159.279	11,4	15,4	7,9	9,1
CDU	7.821.795	6.889.851	32,3	33,6	22,5	19,9
SPD	5.866.247	6.355.176	24,2	31,0	16,9	18,4
FDP	3.674.456	1.115.882	15,2	5,4	10,6	3,2
Linke	2.772.832	1.329.986	11,4	6,5	8,0	3,8
sonstige Parteien	1.345.333	1.669.639	5,5	8,1	3,9	4,9

* Schleswig-Holstein, Hamburg, Bremen (Land), Nordrhein-Westfalen, Rheinland-Pfalz, Saarland, Baden-Württemberg, Mecklenburg-Vorpommern, Sachsen-Anhalt, Berlin

Vergleicht man nur – wie es meist der Fall ist – die Anteile der Parteien auf der Basis der abgegebenen gültigen Stimmen, dann hätten die Grünen seit 2009 – zumindest in den zehn Bundesländern, in denen seither Wahlen stattfanden – einen gewaltigen Zuwachs von 35 Prozent zu verzeichnen.

Doch dieser gewaltig erscheinende Zuwachs der Grünen relativiert sich, wenn man sich die tatsächliche absolute Zunahme der Wähler anschaut. Dann ist der Anteil der Grünen in der Summe der zehn Landtagswahlen von 7,9 Prozent (bezogen auf alle Wahlberechtigten) bei der Bundestagswahl 2009 auf 9,1 Prozent bei den Landtagswahlen seit 2009 angestiegen. Dieser Zuwachs von rund 400.000 Stimmen im Vergleich zum September 2009 entspricht somit einem tatsächlichen Anstieg der Wählerzahlen von 15 Prozent.

Das ist immer noch ein beachtlicher Zuwachs und zeigt, dass sich die Grünen auch ohne an der Bundesregierung beteiligt zu sein und ohne Joschka Fischer als Galionsfigur keinesfalls – wie von Jürgen Falter 2003 vorhergesagt – in einer Krise befinden. Aber der Wählerzuwachs ist mitnichten so bombastisch (plus 35 Prozent), wie er sich bei einem bloßen Vergleich der gültigen Stimmen darstellt.

Ein solch großer Wählerzuwachs zwischen einer Bundestagswahl und den nachfolgenden Landtagswahlen würde auch nicht mit den in der Vergangenheit zu beobachtenden Verlaufsmustern der Mobilisierung der grünen Anhänger bei Bundestagswahlen und den danach folgenden Landtagswahlen übereinstimmen. Denn seit den 1980er Jahren haben die Grünen ihr Wählerpotenzial der jeweils vorausgegangenen Bundestagswahl bei den nachfolgenden Landtagswahlen nur in ähnlichem, meist jedoch geringerem Maße ausschöpfen können. Nur bei den Landtagswahlen zwischen 1994 und 1998 wurden die Grünen von mehr Wählern gewählt als bei der zuvor stattgefundenen Bundestagswahl 1994. Insofern wäre es das erste Mal in ihrer Geschichte, wenn die Grünen tatsächlich im Vergleich zur vorhergehenden Bundestagswahl einen so großen Wählerzuwachs erzielt hätten wie es die nachfolgende Abbildung optisch andeutet.

Doch dieser durch die Abbildung suggerierte Stimmenzuwachs der Grünen relativiert sich nicht nur bei einem Vergleich der absoluten Zahlen mit den Prozentdifferenzen der gültigen Stimmen, sondern auch dann deutlich, wenn man die Stimmenanteile der Grünen bei den vier Landtagswahlen im Umfeld des Reaktorunglücks in Fukushima mit der Veränderung der Wähleranteile bei den übrigen sechs Landtagswahlen vergleicht, die seit 2009 stattgefunden haben.

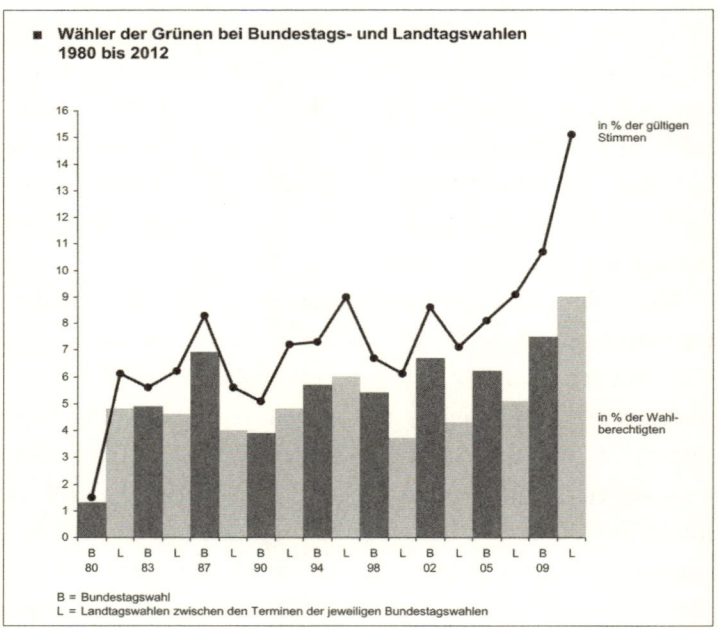

■ Wähler der Grünen bei Bundestags- und Landtagswahlen 1980 bis 2012

B = Bundestagswahl
L = Landtagswahlen zwischen den Terminen der jeweiligen Bundestagswahlen

So haben die Grünen in den vier Ländern, in denen im zeitlichen Umfeld des Reaktorunglücks von Fukushima gewählt wurde (Sachsen-Anhalt, Rheinland-Pfalz, Baden-Württemberg und Bremen), zusammengerechnet 20,0 Prozent der gültigen Stimmen erreicht. Bei der Bundestagswahl im September 2009 kamen die Grünen in diesen vier Ländern zusammen auf 11,8 Prozent. Das wäre ein prozentualer Zuwachs von 70 Prozent. Und auch auf der Basis der absoluten Stimmen berechnet, beträgt die Zuwachsrate der Grünen in diesen vier Ländern 50 Prozent (bei der Bundestagswahl erhielten die Grünen in Sachsen-Anhalt, Rheinland-Pfalz, Baden-Württemberg und Bremen

70

zusammen 1.082.000 Stimmen – das entspricht 8,2 Prozent aller Wahlberechtigten; bei den Landtags- bzw. Bürgerschaftswahlen im Frühjahr 2011 erhielten die Grünen 540.000 Stimmen mehr und kamen auf 1.625.000 Stimmen, das waren 12,3 Prozent aller Wahlberechtigten).

In den sechs anderen Ländern, in denen die Landtags- bzw. Bürgerschafts- bzw. Abgeordnetenhauswahlen nicht in unmittelbarer zeitlicher Nähe zu Fukushima stattfanden (Hamburg, Mecklenburg-Vorpommern, Berlin, Saarland, Schleswig-Holstein und Nordrhein-Westfalen), kamen die Grünen 2009 zusammen auf einen Anteil der gültigen Stimmen von 11,1 Prozent, bei den Wahlen 2011 bzw. 2012 auf 12,4 Prozent. Das wäre ein Zuwachs von 12 Prozent. Doch in diesen sechs Ländern haben die Grünen 2011 bzw. 2012 absolut weniger Stimmen als 2009 erhalten (2009 wurden sie in diesen sechs Ländern von 1.675.000 Wählern, 2011/2012 noch von 1.534.000 Wählern gewählt – also ein Verlust von 141.000 Stimmen oder 8 Prozent).

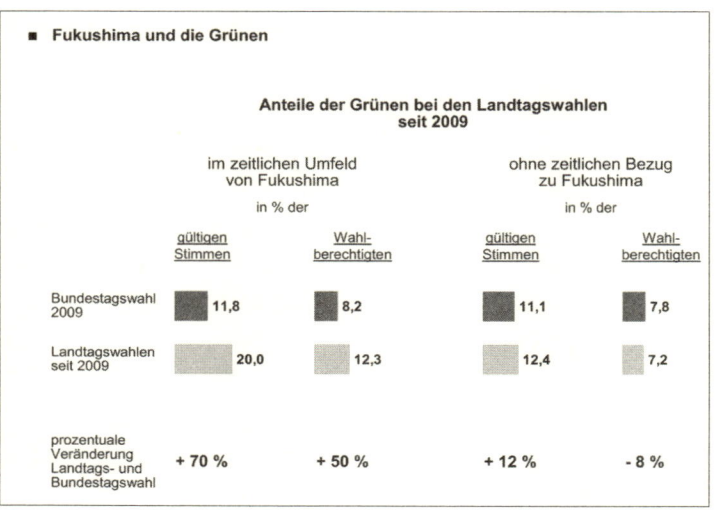

Ohne den Reaktorunfall von Fukushima und ohne die daraufhin von der deutschen Politik unisono vollzogene abrupte Kehrtwende in der Energiepolitik wären die Grünen bei allen Landtagswahlen seit 2009 mit großer Wahrscheinlichkeit nicht wie in Sachsen-Anhalt, Rheinland-Pfalz, Baden-Württemberg und Bremen von mehr Wählern als 2009, sondern wie bei den anderen sechs Landtagswahlen ohne unmittelbaren zeitlichen Bezug zu Fukushima und zur abrupten „Energiewende" – so wie es auch nach den Verlaufsmustern früherer Landtagswahlen zu erwarten gewesen wäre – von etwas weniger Wählern gewählt worden als bei der Bundestagswahl 2009.

Die Anteile der Wähler, die der grünen Partei ihre Stimme geben, sind zwischen den einzelnen Bundesländern – wie schon am Beispiel der letzten Bundestagswahl gezeigt werden konnte – auch bei Landtagswahlen recht groß. Diese Unterschiede sind bei den aktuell, seit 2009 oder kurz vor 2009 stattgefundenen Landtagswahlen – bedingt durch den beschriebenen „Fukushima-Effekt" – noch ausgeprägter als in der Vergangenheit. Doch auch ohne den Sondereffekt der Energiewende wären die Unterschiede noch beachtlich.

Derzeit reicht die Spannweite des Anteils der Wahlberechtigten, die „grün" wählen, von 15,8 Prozent in Baden-Württemberg bis 3,0 Prozent im Saarland.

Überdurchschnittlich hoch waren die Anteile der Grünen außer in Baden-Württemberg nicht nur im Land Bremen und in Rheinland-Pfalz (beides neben Baden-Württemberg auch Wahlen mit „Fukushima-Effekt"), sondern auch in Berlin, Hessen oder Schleswig-Holstein (jeweils Wahlen ohne „Fukushima-Effekt"). Niedrig waren die Anteile der Grünen (außer im Saarland) in den neuen Ländern – und hier trotz „Fukushima-Effekt" auch in Sachsen-Anhalt.

Bei einem Vergleich der Prozentwerte der Grünen in den einzelnen Ländern – einmal auf Basis der abgegebenen gültigen Stimmen und zum anderen auf Basis aller Wahlberechtigten – zeigt sich weiterhin, dass die tatsächliche Verankerung der Grünen in der Wählerschaft häufig überschätzt wird, wenn man nur die Prozentwerte der Wahlergebnisse auf der Basis der abgegebenen gültigen Stimmen berücksichtigt. Diese Diskrepanz zwischen den Anteilen auf der Basis der gültigen Stimmen und der tatsächlichen Vertrauensbasis einer Partei, die sich ergibt, wenn man sich die Zahl aller Wahlberechtigten anschaut, die einer Partei ihre Stimme gegeben haben, findet sich bei allen Parteien. Doch bei den Grünen ist diese Diskrepanz deshalb besonders erwähnenswert, weil gerade ihnen in der öffentlichen Wahrnehmung und Bewertung oft eine Akzeptanz bei den Wählern zugeschrieben wird (der SPIEGEL sprach ja schon von der „neuen deutschen Volkspartei"!), die in Wirklichkeit so nicht vorhanden ist.

In Baden-Württemberg z.B. hatten die Grünen bei der letzten Landtagswahl einen Anteil von 24,2 Prozent der gültigen Stimmen. Doch im März 2011 hatte trotz Fukushima nur eine Minorität von 15,8 Prozent aller Wahlberechtigten Grün gewählt. 84 von 100 Wahlberechtigten haben nicht die grüne Partei gewählt. Daraus – wie es der grüne Ministerpräsident in Baden-Württemberg tut – ein Mandat für einen radikalen Politikwechsel abzuleiten, ist angesichts der tatsächlichen Vertrauensbasis der Grünen im „Ländle" insofern recht gewagt und kaum im Einklang mit dem Wählerwillen.

Viele an Wahlabenden als besonders herausragend und großartig dargestellte Ergebnisse der Grünen – wie z.B. in Bremen mit 22,5 Prozent, in Berlin mit knapp 18 Prozent oder in Rheinland-Pfalz mit über 15 Prozent – suggerieren ebenfalls eine Unterstützung der Grünen durch die Wahlbürger, die in

Wirklichkeit nicht der Fall ist. So gaben in Bremen ganze 12, in Berlin 10 und Rheinland-Pfalz 9 von 100 Wahlberechtigten der grünen Partei ihre Stimme – also nur eine Minderheit der Wahlbürger.

In anderen Ländern, wo zweistellige Ergebnisse der Grünen ebenfalls als besonders großer Erfolg gefeiert wurden (wie in Hessen, Schleswig-Holstein, Nordrhein-Westfalen oder Hamburg), hat noch nicht einmal ein Zehntel aller Wahlberechtigten grün gewählt. Die übergroße Mehrheit aller Wahlbürger hat somit in all diesen Ländern keine sonderlich ausgeprägten Sympathien für die grüne Ideologie.

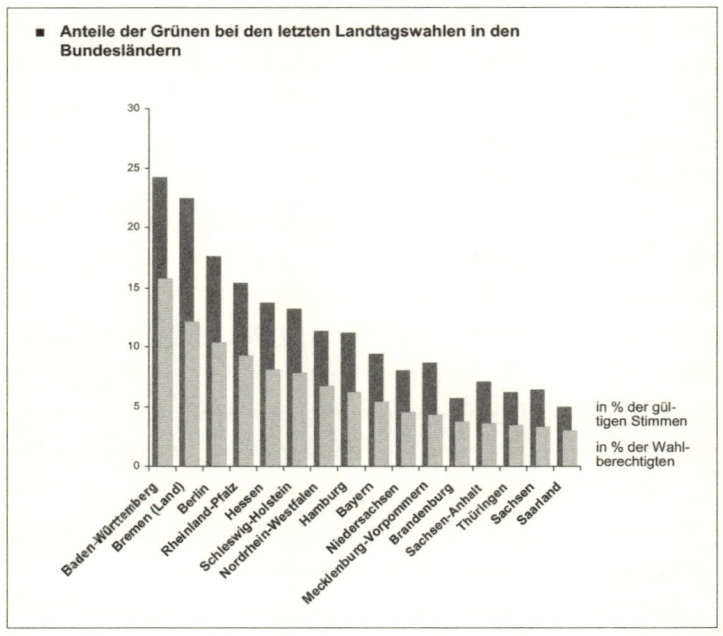

■ Anteile der Grünen bei den letzten Landtagswahlen in den Bundesländern

Aber auch wenn die Grünen in einigen Bundesländern nicht so stark in der Wählerschaft verankert sind, wie es die Ergebnisse auf der Basis der gültigen Stimmen suggerieren, sind sie dennoch – mit Ausnahme der neuen Länder und des Saarlands – in den meisten Regionen der Republik eine beachtliche stabile politische Größe.

Wie stark die Grünen bei Landtagswahlen aber tatsächlich werden, hängt – wie die Ergebnisse der Wahlen im zeitlichen Umfeld von Fukushima und der Kehrtwende in der Energiepolitik zeigen – davon ab, in welchem Maße andere Parteien – vor allem Union und SPD – ihre potenziellen Wähler an sich binden können oder nicht. Wenn sie einen Teil ihrer als „Randwähler" bezeichneten Anhänger durch eine Annäherung an grüne Positionen – wiederum am Beispiel der Kehrtwende in der Energiepolitik abzulesen – nicht mehr an sich binden, sondern quasi ermuntern, zumindest zeitweilig zu den Grünen zu wechseln, nützt das den Grünen.

Die Grünen auf lokaler Ebene

Die Grünen sind aber nicht nur in der Bundesrepublik insgesamt und den Ländern eine feste Größe geworden, sondern auch in vielen Gemeinden und Städten auf der lokalen Politikebene. Dabei ist ihre Wählersubstanz in den westdeutschen urbanen Metropolen (Hamburg, Bremen, Hannover, Dortmund, Essen, Düsseldorf, Köln, Frankfurt am Main, Stuttgart, Nürnberg, München und dem West-Teil von Berlin) deutlich stärker als in ländlichen Regionen.

Das zeigte sich schon bei der Bundestagswahl 2009, als die Grünen in den urbanen Metropolen von 11,1 Prozent der dort lebenden Wahlberechtigten gewählt wurden, während im übrigen Deutschland nur 6,9 Prozent aller Wahlberechtigten ihre Stimme den Grünen gaben.

Zum Vergleich: Die Wählersubstanz der Union ist in den urbanen Metropolen deutlich schwächer als in den eher ländlichen Regionen. In den großen westdeutschen Städten wählten 2009 19,6 Prozent aller Wahlberechtigten CDU oder CSU. Im übrigen Deutschland waren es 24,1 Prozent.

Die SPD wiederum hat 2009 in den großen urbanen Metropolen etwas mehr Stimmen erhalten als in den übrigen Regionen. Allerdings ist der Unterschied zwischen den urbanen Metropolen und der übrigen Republik bei den Sozialdemokraten nicht so ausgeprägt wie bei den Grünen.

Lediglich die FDP wurde 2009 in den großen Städten und den weniger urbanen Gebieten von ähnlich vielen Wählern gewählt.

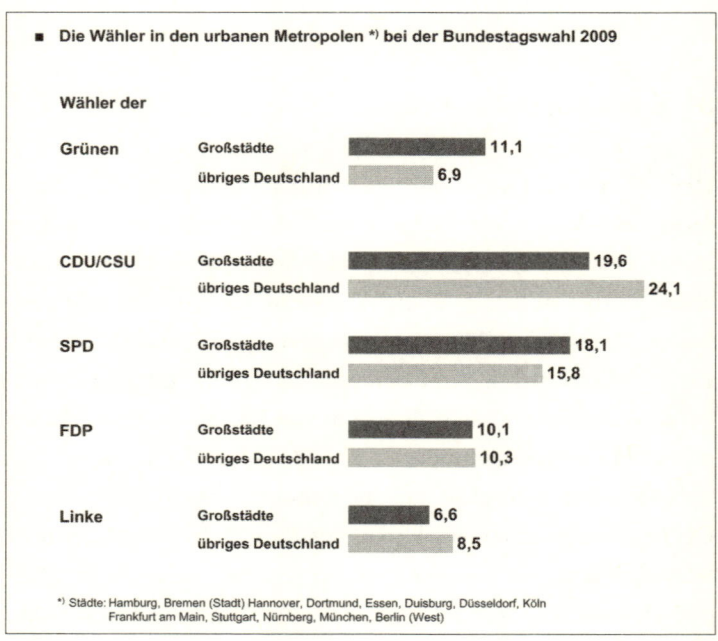

■ Die Wähler in den urbanen Metropolen *) bei der Bundestagswahl 2009

Wähler der

Grünen
Großstädte — 11,1
übriges Deutschland — 6,9

CDU/CSU
Großstädte — 19,6
übriges Deutschland — 24,1

SPD
Großstädte — 18,1
übriges Deutschland — 15,8

FDP
Großstädte — 10,1
übriges Deutschland — 10,3

Linke
Großstädte — 6,6
übriges Deutschland — 8,5

*) Städte: Hamburg, Bremen (Stadt) Hannover, Dortmund, Essen, Duisburg, Düsseldorf, Köln Frankfurt am Main, Stuttgart, Nürnberg, München, Berlin (West)

Diese starke Verankerung der Grünen in den urbanen Metropolen zeigt sich nicht nur bei Bundestagswahlen, sondern vor allem bei lokalen Wahlen. Bis auf Duisburg haben die Grünen bei den letzten Kommunalwahlen in allen anderen westdeutschen Großstädten zweistellige Ergebnisse (auf der Basis der gültigen Stimmen) erhalten. In zwei Städten (Dortmund und Berlin) erhielten sie mehr als 15 Prozent, in fünf Städten (Bremen, Hannover, Köln, Frankfurt am Main und Stuttgart) sogar mehr als 20 Prozent der gültigen Stimmen.

Allerdings ist die Diskrepanz zwischen der durch die hohen Prozentwerte auf der Basis der abgegebenen gültigen Stimmen suggerierten und der tatsächlichen Vertrauens- und Legitimationsbasis der Grünen auf kommunaler Ebene noch ausgeprägter, als es bei den bereits dargestellten Ergebnissen der einzelnen Landtagswahlen der Fall ist. Diese Diskrepanz findet sich – worauf schon hingewiesen wurde – auch auf der lokalen Politikebene bei allen Parteien; doch für die Einschätzung der „wahren" Stärke der Grünen ist die Berücksichtigung dieses Aspekts gerade bei Kommunalwahlen noch wichtiger als bei den anderen Parteien. Die Grünen haben ja oft völlig andere Vorstellungen von dem, was vor Ort zu geschehen hat, als die länger vor Ort agierenden „etablierten" Parteien und häufig auch als die große Mehrheit der Bürger. Um aber die Durchsetzung ihrer kommunalpolitischen Ziele, die überwiegend nur den Interessen der grünen Wählerklientel nutzen (Beispiele dafür finden sich weiter unten in Kapitel 5), legitimieren zu können, möchten sie gerne einen hohen Grad an Zustimmung bei den Bürgern einer Gemeinde oder Stadt suggerieren. Wie Kretschmann in Baden-Württemberg möchten sich auch die Grünen vor Ort unter Hinweis auf günstige Prozentzahlen darauf berufen, von den Bürgern für das beauftragt worden zu sein, was sie im Gemeindeparlament durchsetzen wollen. Insofern ist es bei den Grünen noch wichtiger als bei anderen Parteien, sich die tatsächliche Verankerung in der Wählerschaft vor Augen zu führen.

In Stuttgart z.B. wurden die Grünen bei der Kommunalwahl im Juni 2009 mit einem Anteil von 25,3 Prozent der gültigen Stimmen stärkste Partei im Gemeindeparlament. Doch gewählt wurden sie nur von 12 von 100 Wahlberechtigten. 88 von 100 Wahlberechtigten in der baden-württembergischen Landeshauptstadt gaben also der grünen Partei bei der Kommunalwahl nicht ihre Stimme. Mehr als viermal so viele Wahlberechtigte als grün gewählt hatten (52 von 100) aber gingen gar nicht zur Wahl (die Gründe für die hohe Wahlenthaltung gerade bei Kommunalwahlen werden später im Kapitel 6 noch einmal aufgegriffen und erörtert). Sich bei einer so schwachen Wählerbasis auf einen „Wählerwillen" zu berufen, um die subjektiven eigenen Vorstellungen von dem, was in einer Gemeinde zu geschehen hat, durchzusetzen, ist also keinesfalls gerechtfertigt, weil dieser angebliche Wählerwille gar nicht vorhanden ist. Dessen ungeachtet aber werden die Grünen in Stuttgart – obwohl nur von einer Minorität gewählt – in der öffentlichen Wahrnehmung als „stärkste politische Kraft" der Stadt eingestuft. Und die Legitimität der Grünen, ihre kommunalpolitischen Vorstellungen tatsächlich auch umzusetzen, wird von kaum jemandem in Frage gestellt.

In einer Stadt wie Frankfurt am Main sind die Grünen mit 25,8 Prozent der gültigen Stimmen formal hinter der CDU zweitstärkste Partei. Dahinter stehen aber nur 10 von 100 Frankfurter Wahlberechtigten. Die Legitimierungsbasis für „grüne" Kommunalpolitik ist also in Frankfurt ebenso wie in Stuttgart äußerst fragil.

Groß ist die Diskrepanz zwischen der optischen Stärke der Grünen und der tatsächlichen Verankerung bei den Wählern auch in Städten wie Hannover, Köln oder Bremen, wo die

Werte der Grünen bei über 20 Prozent der gültigen Stimmen liegen, während sie nur von ca. 10 Prozent aller Wahlberechtigten gewählt wurden.

Überall, wo diese Diskrepanz zwischen der vermeintlichen Stärke der Grünen und ihrer tatsächlichen Verankerung bei den Wählern so groß ist wie in vielen urbanen Metropolen, wird es problematisch, wenn die Grünen ihre, den Interessen ihrer Wählerklientel dienende Politik durchsetzen, ohne die Interessen der Mehrheit der Bürger, die in großer Zahl nicht mehr zur Wahl gehen, auch nur im Geringsten zu berücksichtigen. Über die Folgen eines solchen Verhaltens wird in Kapitel 6 noch berichtet werden.

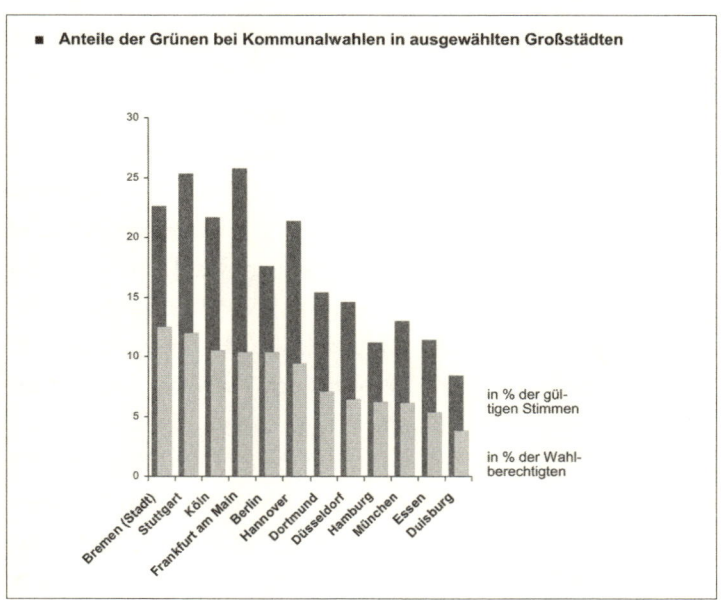

■ Anteile der Grünen bei Kommunalwahlen in ausgewählten Großstädten

Mit Vorsicht müssen auch die an Wahlabenden in den Medien und von den Grünen selbst verbreiteten Angaben über die Zuwächse der Grünen gewertet werden.

In Bremen z.B. erzielten die Grünen bei der Bürgerschaftswahl im Mai 2011 22,5 Prozent der gültigen Stimmen. Gegenüber dem Ergebnis der Bundestagswahl 2009, als die Grünen auf 15,4 Prozent der gültigen Stimmen kamen, wäre das eine Steigerungsrate von 46 Prozent. Dies könnte die Grünen, aber auch die anderen politischen Akteure in Bremen dazu verleiten, zu glauben, die Grünen hätten in nur zwei Jahren erheblich an Zustimmung bei den Bürgern der Hansestadt gewonnen und seien dementsprechend legitimiert, auch ihre politischen Vorstellungen stärker als bislang in die Regierungsarbeit in Bremen einzubringen. Doch in Wirklichkeit nahm die Zahl der Wähler – und das trotz des in Bremen noch spürbaren Fukushima-Effekts – nur von 41.000 auf 52.000 zu, d.h. um 13 Prozent. Der steile Anstieg der Kurve der grünen Stimmen auf der Basis der gültigen Stimmen suggeriert somit eine sprunghafte Zunahme der Grünen bei den letzten Wahlen in Bremen, die in Wirklichkeit so nicht stattgefunden hat.

Die Grünen haben im Übrigen auch bei der Bürgerschaftswahl im Mai 2011 nicht – wie von den Grünen am Wahlabend frohlockt wurde – ihren bisher höchsten Wähleranteil in der Freien Hansestadt erreicht. Ähnlich viele Wähler wie 2011 hatten sie schon 1987 bei der damaligen Bundestagswahl mobilisieren können. Nur die 12 Prozent der Wahlberechtigten, die 2011 in der Stadt Bremen die Grünen gewählt haben, waren bei einer Wahlbeteiligung von nur noch 55 Prozent für 22,6 Prozent der gültigen Stimmen gut. 1987 jedoch, als die Grünen in Bremen auch schon von 12 von 100 Wahlberechtigten gewählt wurden, ergaben diese 12 Prozent bei einer Wahlbeteiligung von 83 Prozent nur 14,8 Prozent der gültigen Stimmen.

Bremen ist hinsichtlich der Diskrepanz zwischen dem optisch groß wirkenden und dem tatsächlichen Anstieg der Wählerbasis der Grünen kein Einzelfall. Solche Diskrepanzen zeigen sich auch in anderen Regionen und Städten. In Frankfurt am Main z.b. haben die Grünen zwischen 1997 und 2011 auf der Basis der gültigen Stimmen einen Zuwachs von fast 53 Prozent zu verzeichnen. Doch auf der Basis der absoluten Zahl der Wähler betrug der Zuwachs nur 4 Prozent.

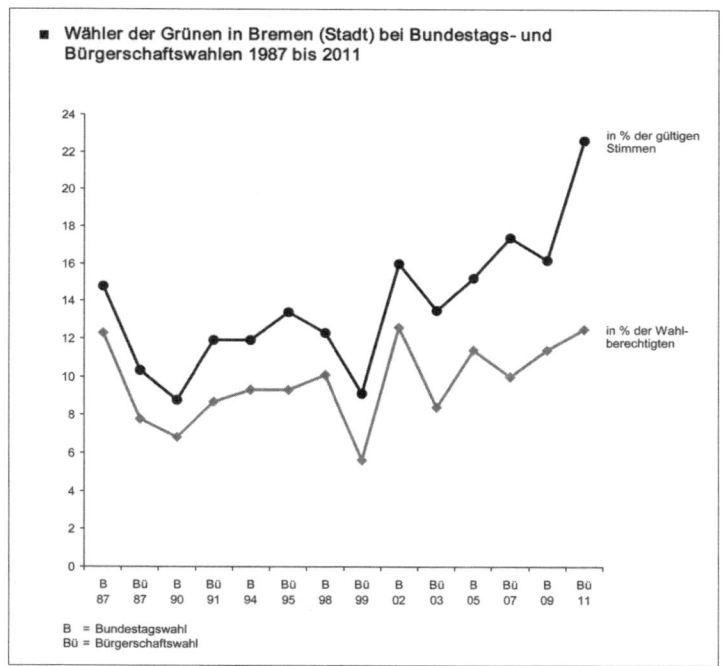

■ Wähler der Grünen in Bremen (Stadt) bei Bundestags- und Bürgerschaftswahlen 1987 bis 2011

Und in Köln, wo die Grünen zwischen den Kommunalwahlen 1994 und 2009 auf der Basis der gültigen Stimmen einen Zuwachs von 34 Prozent verbuchen konnten, hat die Zahl der Wähler in Wirklichkeit um fast 17 Prozent abgenommen.

Bei aller Stärke der Grünen: Bei einer adäquaten Analyse der Wahlergebnisse zeigt sich, dass die Grünen keinesfalls auch nur in die Nähe der vom SPIEGEL im Sommer 2011 „ausgerufenen" Volkspartei gekommen sind, sondern nach wie vor eine

81

Partei sind, die nur von einer Minorität der Wahlbürger gewählt wird.

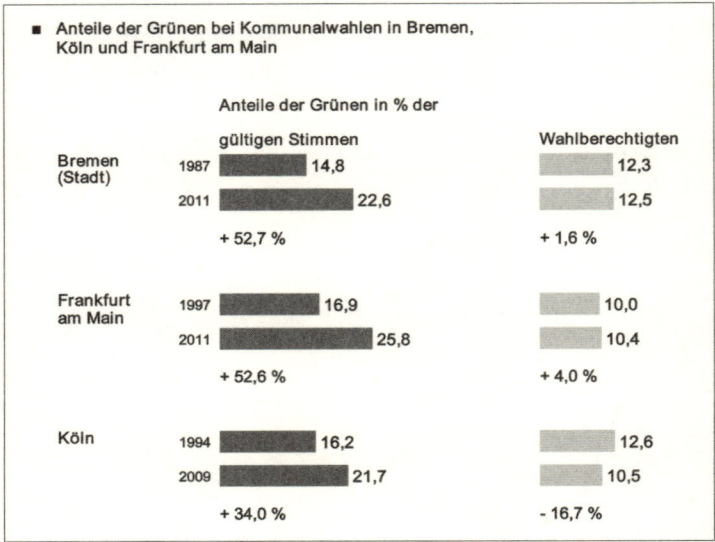

■ Anteile der Grünen bei Kommunalwahlen in Bremen,
Köln und Frankfurt am Main

		Anteile der Grünen in % der gültigen Stimmen	Wahlberechtigten
Bremen (Stadt)	1987	14,8	12,3
	2011	22,6	12,5
		+ 52,7 %	+ 1,6 %
Frankfurt am Main	1997	16,9	10,0
	2011	25,8	10,4
		+ 52,6 %	+ 4,0 %
Köln	1994	16,2	12,6
	2009	21,7	10,5
		+ 34,0 %	- 16,7 %

Die Grünen in den Umfragen seit 2009

Bei dem Vergleich der Ergebnisse der Landtagswahlen, die seit
der Bundestagswahl 2009 im zeitlichen Umfeld des Reaktorunglücks in Fukushima stattgefunden haben, mit den Ergebnissen der Wahlen ohne eine solche zeitliche Nähe zu Fukushima, zeigte sich, dass die Grünen bei den unmittelbar nach
Fukushima abgehaltenen Wahlen deutlich mehr Stimmen erhielten als bei den Wahlen vor oder in zeitlich größerem Abstand zu den Ereignissen in Japan.

Dies wird gemeinhin als Beleg dafür angesehen, dass die
Grünen unmittelbar durch den Reaktorunfall von Fukushima
und die extrem intensive und ausführliche Berichterstattung
über dieses Unglück in den deutschen Medien profitiert hätten.

Doch ein Blick auf die Entwicklung der Präferenzwerte der Grünen in den Umfragen seit der Bundestagswahl 2009 zeigt, dass dieser lineare Zusammenhang so simpel nicht hergestellt werden kann.

Die Präferenzwerte für die Grünen hatten sich nämlich schon im Laufe des Jahres 2010 im Vergleich zum Ergebnis der Bundestagswahl 2009 deutlich verbessert. Im September und Oktober 2010 kamen die Grünen bei den „Wahlwilligen", also denen, die sich auch an einer Wahl beteiligen würden, auf Werte von über 20 Prozent – zu einem Zeitpunkt also, als es kein Unglück wie später in Fukushima gab. Die Grünen erhielten damals Zulauf von früheren und potenziellen Wählern der Union und der SPD.

Anhänger der Union wurden verunsichert durch die lange Zeit unklare Haltung von CDU und CSU im Hinblick auf die Laufzeit der Kernkraftwerke. Röttgens Liebäugelei mit den Positionen der Grünen – keine oder nur eine ganz kurze Laufzeitverlängerung – führte zudem dazu, dass die Minderheit der CDU-Anhänger, die gewisse Vorbehalte gegen eine zu lange Nutzung der Kernenergie hatte, gleich zu den Grünen mit ihrer klaren Position zur Kernkraft wanderte, anstatt die Entscheidung innerhalb der Union abzuwarten.

Und bei der SPD passierte dasselbe, was ihr schon seit der Anfangszeit der Grünen oft passiert war. Durch die Verbrüderung und Verschwesterung der SPD mit den Grünen im gemeinsamen Kampf gegen eine Verlängerung der Laufzeiten der Kernkraftwerke über die im Atomkompromiss der rot-grünen Regierung 2000 vereinbarte Zeit hinaus konnten alle „harten" Gegner der Kernkraft innerhalb der SPD-Anhängerschaft zu den Grünen wechseln, ohne sich besonders illoyal ihrer Partei gegenüber zu fühlen, die sich ja mit den Grünen in dieser Frage verbündet hatte.

Die Verunsicherungen im Wählerlager der Union führten dazu, dass die Union in den Umfragen vor der Laufzeitverlängerung auf Werte um die 30 Prozent zurückfiel. Doch nach der Entscheidung, die Kernkraftwerke länger am Netz zu lassen, als von Rot-Grün 2000 vereinbart, und vor allem nach der klaren Abgrenzung, die Angela Merkel gegenüber den Grünen vornahm („die Dagegenpartei"), stabilisierte sich das Lager der CDU/CSU-Anhänger, so dass die Umfragewerte der Union bis Anfang März 2011 wieder auf 36 Prozent stiegen. Im gleichen Zeitraum gingen die Werte der Grünen auf 15 Prozent zurück.

Nach dem Reaktorunglück in Fukushima und der als Konsequenz daraus beschlossenen abrupten Kehrtwende in der Energiepolitik kletterten die Präferenzwerte der Grünen bei den „Wahlwilligen" dann auf ein Rekordniveau oberhalb der 25-Prozent-Marke, während die Werte der Union wieder auf die 30-Prozent-Marke zurückfielen. Zeitweilig lagen die Präferenzwerte der Grünen vor denen der SPD und nur noch knapp hinter denen der Union.

Dabei war nicht der Reaktorunfall in Fukushima unmittelbar für diese drastische Bewegung bei der politischen Stimmung verantwortlich. Auslöser hierfür war vielmehr die klare oder nicht so klare Haltung der anderen, mit den Grünen an sich konkurrierenden Parteien zur Kernenergie. Als Merkel nach Fukushima in einer Fehleinschätzung des Willens des Volkes auf Röttgens Kurs in der Energiepolitik einschwenkte, die bisherige Position der Union in Fragen Kernenergie aufgab und der abrupten Wende in der Energiepolitik zustimmte, verunsicherte sie damit die Kernklientel ihrer Partei, die sich daraufhin im Frühjahr 2011 teilweise ins Lager der Nichtwähler bzw. Unentschlossenen flüchtete. Und die CDU/CSU-Anhänger mit Vorbehalten gegen die Kernenergie trieb sie ins Lager der Grünen, weil ihre eigene Kehrtwende als nicht glaubwürdig und eher der Wahltaktik geschuldet (schließlich stand die wichtige Landtagswahl in Baden-Württemberg an) gewertet wurde.

Betrachtet man die bundesweite Entwicklung des grünen Wählerpotenzials in den Umfragen seit der Bundestagswahl 2009 genauer, dann zeigt sich, dass der Anteil der „Alt-Grünen", also derer, die auch schon bei der letzten Bundestagswahl die Grünen gewählt haben, von Monat zu Monat konstant bleibt (und immer ca. 8 bis 9 Prozent der Wahlwilligen, also derer, die derzeit zur Wahl gehen wollen, ausmacht). Ob die Grünen insgesamt aber auf Präferenzwerte von 12, 13, 14 oder aber von über 20 Prozent kommen, hängt nicht von den Grünen selbst, sondern nur davon ab, wie viele „Neu-Grüne" den Weg von anderen Parteien zu den Grünen finden.

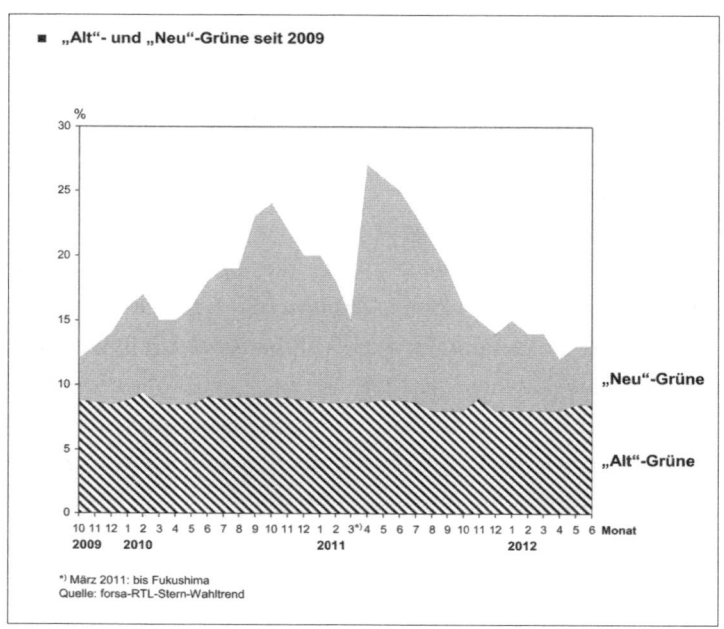

85

Wenn die anderen Parteien – insbesondere die Union und die SPD – sich klar von den Grünen abgrenzen, gibt es nur wenige „Neu-Grüne". Wenn sie aber die Grenzen nicht klar ziehen und somit quasi „die Schotten öffnen" und ein Abwandern ihrer potenziellen Wähler zu den Grünen in Kauf nehmen, steigt der Anteil der „Neu-Grünen".

Als im Verlauf des Jahres 2011 und in der ersten Hälfte des Jahres 2012 die Euro-Krise das wichtigste Thema der politischen Diskussion wurde, fielen die Werte der Grünen wieder auf ein „Normal-Maß" zwischen 12 und 14 Prozent, während die Werte für Angela Merkel und die Union im gleichen Zeitraum deutlich anstiegen.

Die Wahlen und die Umfragen seit der letzten Bundestagswahl im September 2009 zeigen, dass die Grünen sich keinesfalls in einer Krise befinden. Sie können auf eine stabile Wählersubstanz bauen, die bei geringer Wahlbeteiligung sogar zu Ergebnissen von über 20 Prozent der abgegebenen Stimmen führt. Und in Umfragen erreichen sie auch Werte von über 20 Prozent, wenn sich die anderen Parteien den grünen Positionen zu sehr annähern.

Allerdings geben diese guten Wahl- und Umfrageergebnisse keine realistischen Hinweise auf die tatsächliche Verankerung der Grünen in der gesamten Wählerschaft bzw. Bevölkerung. Bezogen auf die Gesamtheit aller Wahlberechtigten in Deutschland sind die Anhänger der Grünen auf allen Politikebenen – Bund, Land und Kommunen – nur eine Minorität, die (von Ausnahmen wie in Baden-Württemberg abgesehen) ein Zehntel aller Wahlberechtigten selten übersteigt.

4. Das Wählerpotenzial der Grünen 2012

Die grüne Bewegung hatte sich in der zweiten Hälfte der 1970er Jahre in Westdeutschland – im Milieu der damaligen „Wohlstandsgesellschaft" – zu einer Partei formieren können. Gewählt wurden die Grünen bei den ersten Wahlen, an denen sie sich beteiligten, vor allem von den ganz jungen Wählern. Unter denen waren zudem mehr Männer als Frauen. Doch wer sympathisiert mehr als drei Jahrzehnte, nachdem die Grünen zum ersten Mal bei einer bundesweiten Wahl kandidierten, und mehr als zwei Jahrzehnte nach der Wiedervereinigung Deutschlands mit den Grünen?

Es wurde schon mehrfach darauf hingewiesen, dass die Grünen ihrer Herkunft entsprechend noch immer eine „West-Partei" und im Osten – gemessen an der Zahl der Einwohner und Wahlberechtigten in den neuen Ländern – weiterhin unterrepräsentiert sind. 2012 hat sich daran wenig geändert. Im Gegenteil: nur 9 von 100 Sympathisanten der grünen Partei – so wenig wie noch nie in der Geschichte der Grünen – stammen 2012 aus den neuen, 91 jedoch aus den alten Ländern.

Diese Relation war im wiedervereinigten Deutschland nur bei einer einzigen, der ersten gesamtdeutschen Wahl anders: 1990 waren die Wähler aus der ehemaligen DDR unter den Wählern in ganz Deutschland mit 25 Prozent stärker vertreten als unter allen Wahlberechtigten, von denen damals mehr als 20 Prozent im Gebiet der früheren DDR lebten. Doch schon 1994 sank der Anteil der ostdeutschen Wähler der Grünen auf 11 Prozent. Bis 2009 hat sich an diesem West-Überhang der grünen Wähler im Prinzip wenig geändert; und bis 2012 hat sich dieser Überhang sogar noch verstärkt.

2012 sind nur noch weniger als ein Zehntel der grünen Anhänger in den neuen Ländern zu finden. Damit sind die Grünen 30 Jahre nach ihrer Gründung und 20 Jahre nach der Wiedervereinigung noch „westlicher" geworden, als sie – mit Ausnahme der 1990er-Wahl – schon immer waren.

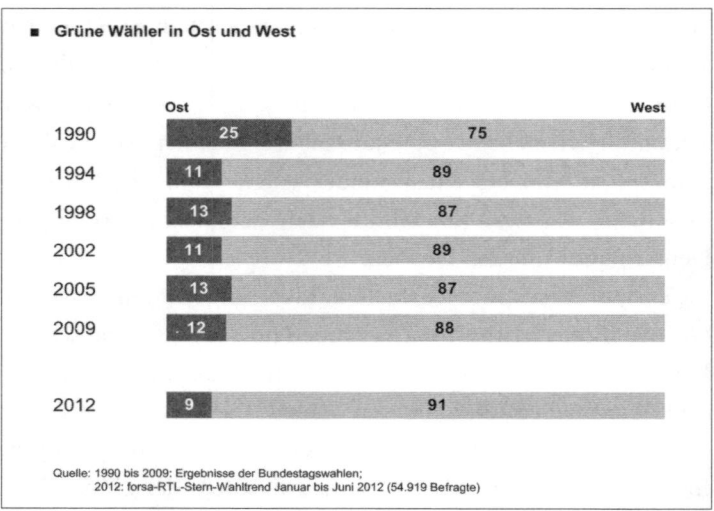

■ Grüne Wähler in Ost und West

	Ost		West
1990	25	75	
1994	11	89	
1998	13	87	
2002	11	89	
2005	13	87	
2009	. 12	88	
2012	9	91	

Quelle: 1990 bis 2009: Ergebnisse der Bundestagswahlen;
2012: forsa-RTL-Stern-Wahltrend Januar bis Juni 2012 (54.919 Befragte)

Die Grünen sind 2012 auch weiterhin die Partei, deren Verankerung im Westen im Vergleich mit den anderen Parteien
am größten ist. Zwar sind auch die traditionellen, in der alten
Bundesrepublik schon politisch aktiven Parteien (CDU/CSU,
SPD und FDP) in den alten Ländern – gemessen an der Verteilung aller Wahlberechtigten – überproportional verankert.
Dies gilt vor allem für die FDP, die 1990 bei der ersten gesamtdeutschen Wahl wegen der besonderen Verdienste des
damaligen Bundesaußenministers Hans-Dietrich Genscher
um die Zusammenführung der Menschen in Ost und West
und wegen dessen Herkunft aus Halle an der Saale sogar ein
Direktmandat in den neuen Ländern erhielt, heute aber in

deutlich höherem Maße von West- als von Ostdeutschen gewählt wird.

Die noch neue politische Gruppierung der Piraten ist in beiden Teilen des Landes in ähnlichem Maße vertreten wie die
„alte" politische Gruppierung der Union aus CDU und CSU.
Lediglich die Anhänger der „Linkspartei" kommen 2012
fast zur Hälfte aus Ostdeutschland.

Doch eine solch starke Überlagerung von Wählern und aktuellen Anhängern aus Westdeutschland wie bei den Grünen
ist derzeit bei keiner anderen Partei zu registrieren.

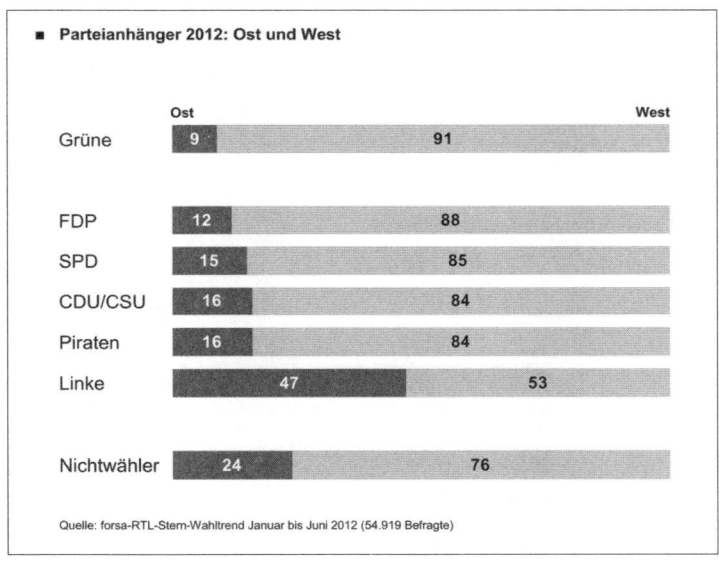

■ Parteianhänger 2012: Ost und West

	Ost	West
Grüne	9	91
FDP	12	88
SPD	15	85
CDU/CSU	16	84
Piraten	16	84
Linke	47	53
Nichtwähler	24	76

Quelle: forsa-RTL-Stern-Wahltrend Januar bis Juni 2012 (54.919 Befragte)

Als die Grünen 1980 zum ersten Mal für den Bundestag kandidierten, waren 70 Prozent ihrer Wähler jünger als 35 Jahre
alt: 43 Prozent zählten damals zu den 18- bis 24-Jährigen, 27
Prozent zu den 25- bis 34-Jährigen.

Dieser Anteil an jungen Wählern ist seither deutlich zurückgegangen. Bei der Bundestagswahl 2009 waren nur noch 27

Prozent der grünen Wähler unter 35 Jahre alt. 12 Prozent gehörten zur Altersgruppe der 18- bis 25-Jährigen, 15 Prozent zur Gruppe der 25- bis 34-Jährigen. Und während 1980 nur 18 Prozent der grünen Wähler älter waren als 45 Jahre, gehörte 2009 die Hälfte der grünen Wähler zur Gruppe der über 45-Jährigen.

2012 sind die grünen Sympathisanten noch „älter" geworden: über 60 Prozent von ihnen sind inzwischen älter als 45 Jahre alt. Und nur noch 19 Prozent sind jünger als 35 Jahre alt – 7 Prozent gehören zur Gruppe der 18- bis 24-Jährigen, 12 Prozent zu der der 25- bis 34-Jährigen.

Älter als 60 Jahre alt waren 1980 und 1983 nur ganz wenige (7 bzw. 5 %) der grünen Wähler. 2005 und 2009 waren es 16 Prozent. 2012 ist der Anteil der über 60-Jährigen schon auf 20 Prozent angestiegen.

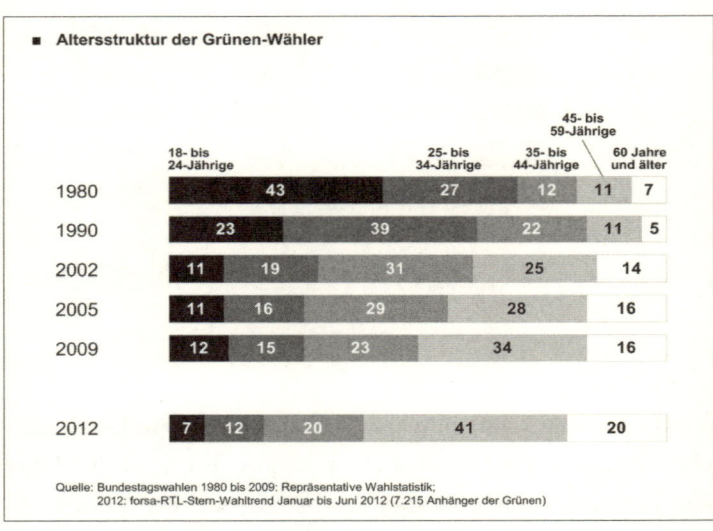

■ Altersstruktur der Grünen-Wähler

Quelle: Bundestagswahlen 1980 bis 2009: Repräsentative Wahlstatistik;
2012: forsa-RTL-Stern-Wahltrend Januar bis Juni 2012 (7.215 Anhänger der Grünen)

Die Altersstruktur der grünen Anhänger und Wähler hat sich somit seit ihren Anfängen drastisch verschoben. Die Grünen sind deutlich „älter" geworden. Das zeigt zwar, dass diejenigen, die sich einmal in ihrer Jugend für die grüne Bewegung entschieden haben, im Prinzip dieser Bewegung treu bleiben und fast immer auch bei späteren Wahlen grün wählen. Doch der Zuwachs von den Erst- und Jungwählern versiegt langsam – zumal dann, wenn neue Gruppierungen wie die Piraten „lebendiger und dynamischer" als die Grünen wirken. Damit besteht die Gefahr, dass die Grünen eine „Ein-Generationen-Partei" bleiben und sich irgendwann wieder – wenn sich alle ihre bisherigen Wähler auf dem Friedhof befinden – aus dem Parteienspektrum verabschieden.

Im Hinblick auf den Anteil der jungen, unter 35 Jahre alten Anhänger unterscheiden sich die Grünen 2012 nicht mehr von den alten, etablierten Parteien. So gehören ebenso wie bei den Grünen 15 Prozent der der FDP 2012 verbliebenen Anhänger zur Gruppe der unter 35-Jährigen. Bei der Union sind 17, bei der SPD 15 Prozent zwischen 18 und 34 Jahre alt. Bei der Linkspartei sind es 14 Prozent.

Lediglich die Sympathisanten der Piraten sind jünger: von ihnen sind 28 Prozent unter 35 Jahre alt. 9 Prozent der potenziellen Wähler der Piraten sind 18 bis 24 Jahre, 19 Prozent zwischen 25 und 34 Jahre alt. Damit sind die Piraten bei den jüngeren Wählern attraktiver als alle anderen Parteien – einschließlich der Grünen. Aber anders als die Grünen in ihrer Anfangsphase haben die Piraten auch heute schon Anhänger in den mittleren Altersgruppen.

Bei den ersten beiden Wahlen, bei denen die Grünen für den Bundestag kandidierten – 1980 und 1983 –, wurden sie von mehr Männern als Frauen gewählt: 1980 waren 54 Prozent, 1983 52 Prozent der grünen Wähler Männer. 1987 war dann die Relation zwischen Männern und Frauen mit einem Anteil von jeweils 50 Prozent ausgeglichen.

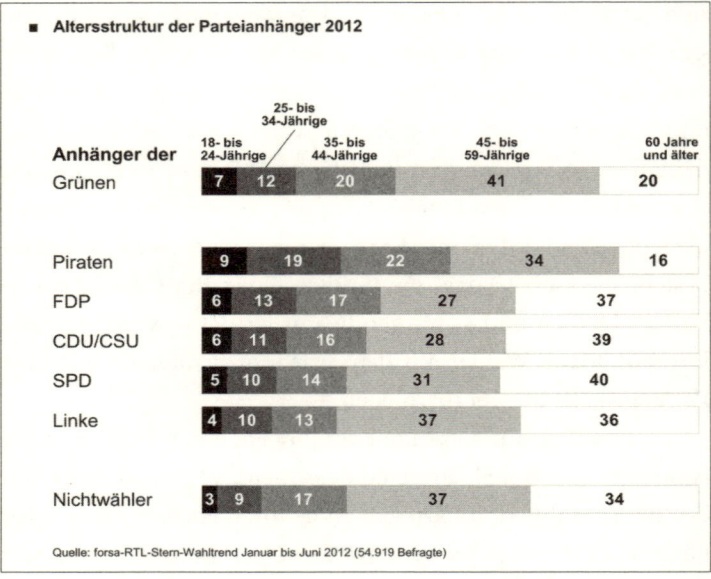

Quelle: forsa-RTL-Stern-Wahltrend Januar bis Juni 2012 (54.919 Befragte)

Bei der ersten gesamtdeutschen Wahl 1990 änderte sich dann
die Geschlechterproportion bei den Grünen bzw. dem Bündnis
aus westdeutschen Grünen und ostdeutschen Bürgerrechtlern
(Bündnis '90): Die weiblichen Wähler waren 1990 mit 53 Prozent in der Überzahl.

Das Übergewicht weiblicher Wähler hat sich seither nicht
geändert, obwohl die 1990 noch vorhandenen weiblichen
Sympathisanten aus der – an sich ja nicht mit der westdeutschen grünen Bewegung kongruenten – Bürgerrechtsbewegung
der DDR nicht mehr in so großer Zahl wie 1990 zu den Wählern der Grünen zählen.

Bis 2009 sind die Wähler der Grünen immer „weiblicher"
geworden: Bei der letzten Bundestagswahl waren 58 Prozent
der grünen Wähler Frauen, nur noch 42 Prozent Männer.

An dieser Relation hat sich auch bis 2012 nichts geändert:
Von den derzeitigen Anhängern der Grünen sind weiterhin 58

Prozent Frauen. Damit sind die Grünen, die anfangs eher von Männern dominiert waren, zu einer „Frauen-Partei" geworden.

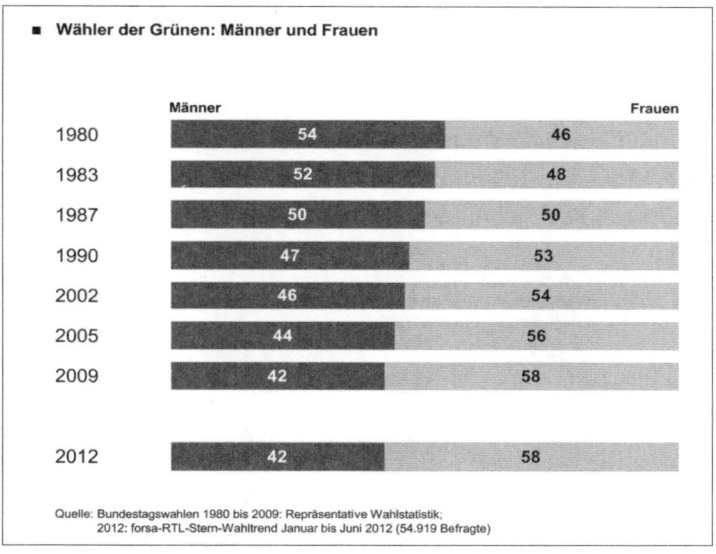

■ Wähler der Grünen: Männer und Frauen

	Männer	Frauen
1980	54	46
1983	52	48
1987	50	50
1990	47	53
2002	46	54
2005	44	56
2009	42	58
2012	42	58

Quelle: Bundestagswahlen 1980 bis 2009: Repräsentative Wahlstatistik;
2012: forsa-RTL-Stern-Wahltrend Januar bis Juni 2012 (54.919 Befragte)

Entsprechend der generellen Änderung in der Geschlechterproportion haben sich auch die Anteile der männlichen und weiblichen grünen Wähler in den einzelnen Altersgruppen verschoben. 1983, als die Grünen zum ersten Mal in den Bundestag kamen, war in den Altersgruppen der 18- bis 24-, der 25- bis 34- und der 35- bis 44-Jährigen der Anteil der männlichen grünen Wähler größer als der der weiblichen Wähler. Lediglich bei den über 45-Jährigen waren die – damals nur geringen – Wähleranteile bei Frauen und Männern ähnlich.

Doch das änderte sich bei den folgenden Wahlen deutlich. Und bei der letzten Bundestagswahl 2009 war der Anteil der weiblichen grünen Wähler in allen Altersgruppen höher als der Anteil der Männer. So wählten über 11 Prozent der 18- bis

24-jährigen weiblichen Wahlberechtigten 2009 die Grünen – von den Männern jedoch nur noch 7,4 Prozent. Von den 25- bis 34-Jährigen wählten 7,2 Prozent der Männer, aber 10,3 Prozent der Frauen „grün". Von den 35- bis 44-jährigen Männer gaben 8,8, von den Frauen 12,2 Prozent den Grünen ihre Stimme. Besonders groß war der Unterschied im Wahlverhalten der Männer und Frauen im Hinblick auf die Stimmabgabe für die Grünen 2009 bei den über 60-Jährigen: Von den „alten" Männern gaben nur 3,7, von den „alten" Frauen jedoch 8,8 Prozent der grünen Partei ihre Stimme.

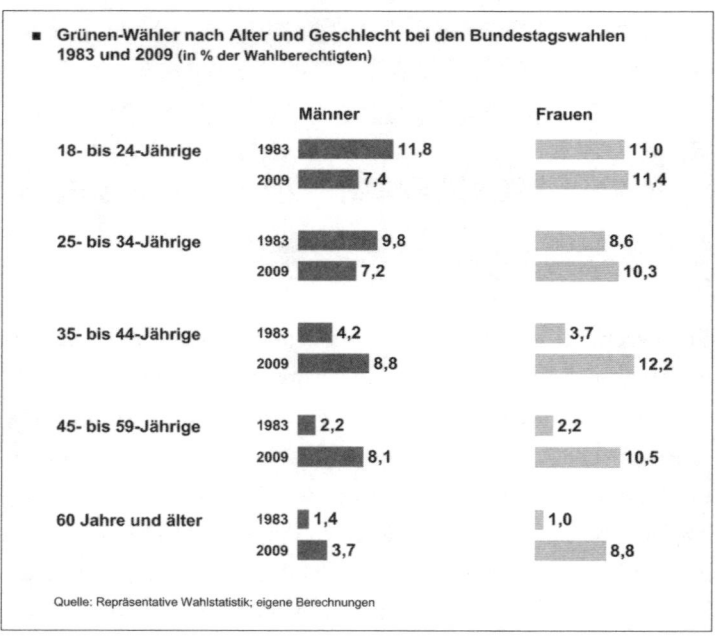

■ Grünen-Wähler nach Alter und Geschlecht bei den Bundestagswahlen 1983 und 2009 (in % der Wahlberechtigten)

		Männer	Frauen
18- bis 24-Jährige	1983	11,8	11,0
	2009	7,4	11,4
25- bis 34-Jährige	1983	9,8	8,6
	2009	7,2	10,3
35- bis 44-Jährige	1983	4,2	3,7
	2009	8,8	12,2
45- bis 59-Jährige	1983	2,2	2,2
	2009	8,1	10,5
60 Jahre und älter	1983	1,4	1,0
	2009	3,7	8,8

Quelle: Repräsentative Wahlstatistik; eigene Berechnungen

Mit einer Relation von 58 Prozent Frauen und 42 Prozent Männer sind die Grünen 2012 die „weiblichste" Partei in Deutschland. Die Wählerschaft der Union und der SPD ist im Hinblick auf die Verteilung der weiblichen und männlichen

Wähler ausgeglichener: Von den Anhängern der Union sind 2012 48, von denen der SPD 49 Prozent Männer. 52 Prozent der CDU/CSU-Anhänger und 51 Prozent der SPD-Anhänger sind dementsprechend Frauen.

Bei den Anhängern der Linkspartei und bei den der FDP 2012 verbliebenen Anhängern sind die Männer mit 54 bzw. 60 Prozent deutlich stärker vertreten als die Frauen.

Die „männlichste" Partei ist derzeit allerdings die neue „Piraten-Partei". Von deren Sympathisanten sind derzeit knapp zwei Drittel (64 %) Männer und nur relativ wenige (36 %) Frauen. Ein Motiv für den Zustrom männlicher Wähler zu den Piraten könnte auch eine Art Auflehnung gerade jüngerer Männer aus allen, auch den unteren sozialen Schichten, gegen einen als zu grün und weiblich empfundenen Zeitgeist sein.

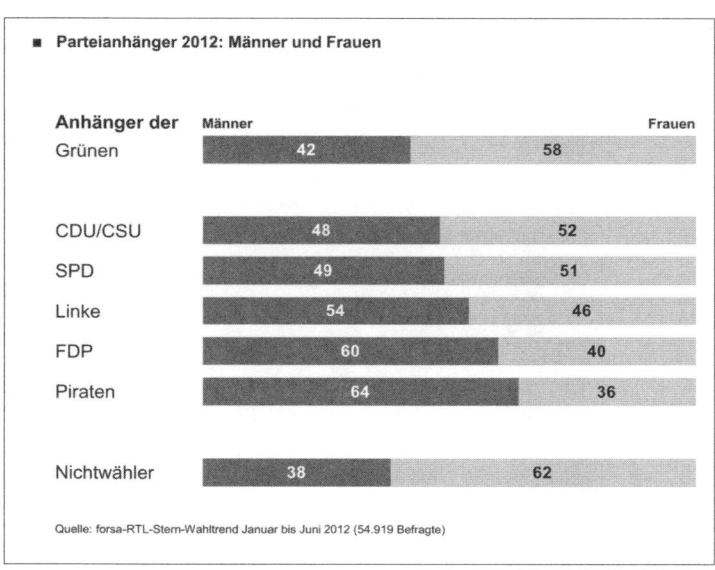

Quelle: forsa-RTL-Stern-Wahltrend Januar bis Juni 2012 (54.919 Befragte)

Die Anhänger der Grünen gehörten – anders etwa als die heutigen Sympathisanten der Piraten – von Anfang an in überdurchschnittlichem Maße den oberen Bildungsschichten an. Schon 1983 betrug laut Daten des Politbarometers der Forschungsgruppe Wahlen der Anteil der grünen Anhänger mit Abitur bzw. Hochschulstudium 46 Prozent.

Seither ist der Anteil der „Überbildeten" weiter angestiegen. Dieser Anstieg ist sicherlich zum einen dem in der Gesellschaft generell größer gewordenen Anteil von Bürgern mit weiterführender Schulbildung geschuldet. Doch liegt ein Anteil von rund 70 Prozent der Anhänger – wie bei den Grünen – mit Abitur oder Hochschulstudium weit über dem Durchschnitt aller Wahlbürger in der Republik. Die unteren sozialen Schichten der Bevölkerung in Deutschland gehören somit nicht zur Wählersubstanz der Grünen. Die Hauptschüler, die unteren Einkommensschichten etc. sind auch 2012 nur wenig geneigt, den Grünen ihre Stimme zu geben.

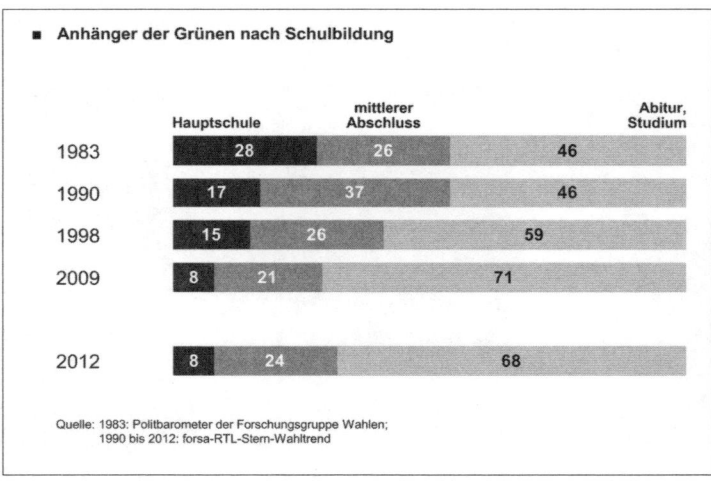

■ Anhänger der Grünen nach Schulbildung

	Hauptschule	mittlerer Abschluss	Abitur, Studium
1983	28	26	46
1990	17	37	46
1998	15	26	59
2009	8	21	71
2012	8	24	68

Quelle: 1983: Politbarometer der Forschungsgruppe Wahlen;
1990 bis 2012: forsa-RTL-Stern-Wahltrend

Die Grünen würden, wenn 2012 eine Bundestagswahl stattfände, von mehr Wählern gewählt als bei der letzten Bundestagswahl 2009. Insofern müssen zusätzlich zu den Wählern von 2009 Wähler, die bisher andere Parteien gewählt haben, nunmehr zu den Grünen gewandert sein. Insgesamt sind rund zwei Fünftel der Anhänger der Grünen von 2012 frühere Wähler anderer Parteien bzw. Erst- oder Nichtwähler. 15 von 100 Sympathisanten der Grünen im Jahr 2012 waren bei der letzten Bundestagswahl 2009 noch Wähler der SPD. 6 von 100 grünen Sympathisanten hatten 2009 die CDU oder CSU, 5 eine der sonstigen Parteien gewählt. 61 von 100 grünen Sympathisanten im Jahr 2012 hatten auch schon bei der Bundestagswahl 2009 grün gewählt.

Damit haben die Grünen einen festen Sockel von Stammwählern, also Wählern, die auch schon bei früheren Wahlen die grüne Partei gewählt hatten. Aber die Grünen verfügen auch über Anziehungskraft für frühere Wähler anderer Parteien.

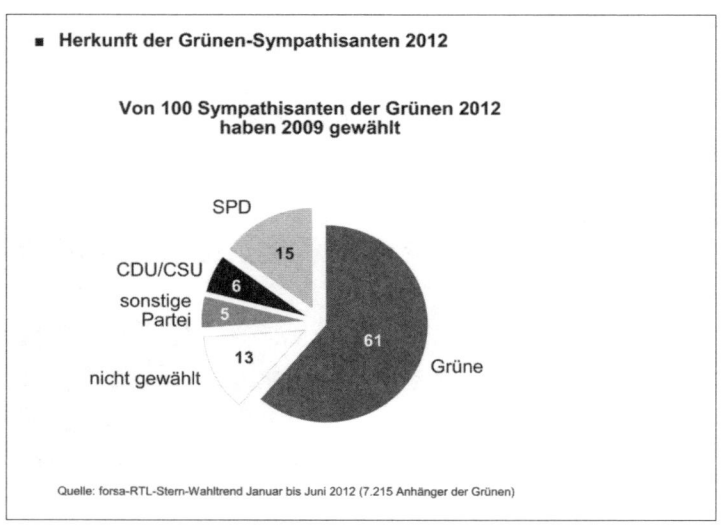

■ **Herkunft der Grünen-Sympathisanten 2012**

Von 100 Sympathisanten der Grünen 2012 haben 2009 gewählt

SPD 15
CDU/CSU 6
sonstige Partei 5
nicht gewählt 13
Grüne 61

Quelle: forsa-RTL-Stern-Wahltrend Januar bis Juni 2012 (7.215 Anhänger der Grünen)

Die Grünen sind – mit Ausnahme der Piraten – derzeit die Partei, die für frühere Wähler anderer Parteien am attraktivsten ist.

Zum Vergleich: Von den wenigen, der FDP noch verbliebenen derzeitigen Anhängern kämen 36 Prozent von anderen Parteien, von Erstwählern oder aus dem Lager früherer Nichtwähler. Bei diesem im Vergleich zu den Grünen (von 100 Anhängern der Grünen kommen 39 von anderen Parteien) ähnlich hohen Anteil „neuer" Wähler muss allerdings bedacht werden, dass die liberale Partei 2012 immer an oder unter der 5-Prozent-Marke rangierte und nicht wie die Grünen mit mehr als 10 Prozent rechnen kann.

Bei der Linkspartei kämen 2012 34, bei der SPD 30 Prozent der derzeitigen Anhänger von Wählern anderer Parteien bzw. von Erst- oder Nichtwählern. Am geringsten ist der Anteil von „Neuwählern" bei der Union: Nur 25 Prozent der Anhänger der CDU/CSU von 2012 haben 2009 eine andere Partei oder gar nicht gewählt.

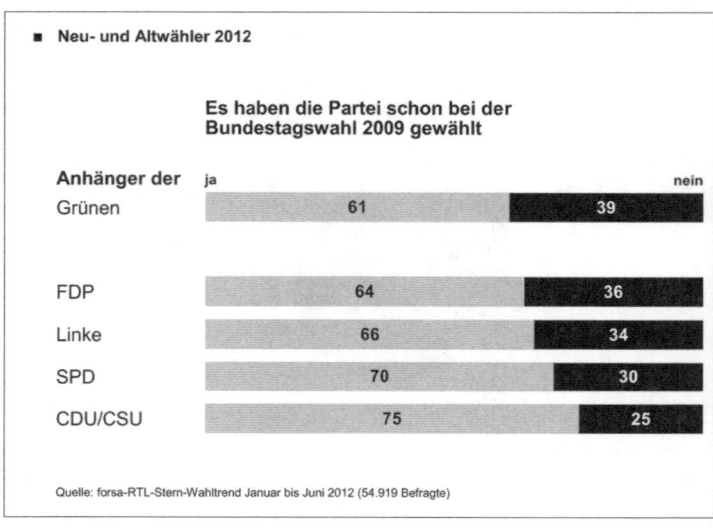

■ Neu- und Altwähler 2012

Es haben die Partei schon bei der Bundestagswahl 2009 gewählt

Anhänger der	ja	nein
Grünen	61	39
FDP	64	36
Linke	66	34
SPD	70	30
CDU/CSU	75	25

Quelle: forsa-RTL-Stern-Wahltrend Januar bis Juni 2012 (54.919 Befragte)

Politisch verorten sich die Anhänger der Grünen eher im linken politischen Spektrum. Bei der sogenannten „politischen Selbsteinschätzung", bei der die Befragten ihre politische Grundein-stellung selbst anhand einer Skala von 1 (= links) bis 10 (= rechts) einstufen können, kommen die Anhänger der Grünen im Durchschnitt des Jahres 2012 auf einen Wert von 4,1. Damit verorten sich die Grünen im politischen Spektrum weiter links als die Anhänger aller anderen „etablierten" Parteien. So liegt der Durchschnittswert der SPD-Anhänger bei 4,4, der der Sym-pathisanten der Piraten bei 4,5. Anhänger der Union und der FDP verorten sich mit Werten von 5,6 bzw. 5,5 eher rechts von der Mitte. Lediglich die Anhänger der Linkspartei ordnen sich in noch stärkerem Maße als die Grünen dem linken Spektrum zu (mit einem Durchschnittswert von 3,0).

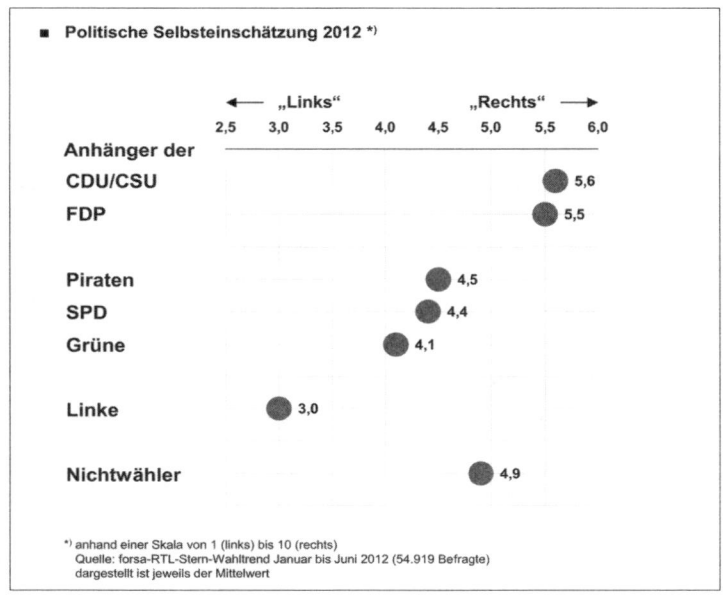

■ Politische Selbsteinschätzung 2012 *⁾

←— „Links"   „Rechts" —→
2,5   3,0   3,5   4,0   4,5   5,0   5,5   6,0

Anhänger der

CDU/CSU   5,6
FDP   5,5

Piraten   4,5
SPD   4,4
Grüne   4,1

Linke   3,0

Nichtwähler   4,9

*⁾ anhand einer Skala von 1 (links) bis 10 (rechts)
Quelle: forsa-RTL-Stern-Wahltrend Januar bis Juni 2012 (54.919 Befragte)
dargestellt ist jeweils der Mittelwert

Diejenigen, die 2012 im Lager der Nichtwähler zu finden sind, sind nicht an den Rändern des Parteienspektrums – weder am linken, noch am rechten – angesiedelt, sondern mit einem

Durchschnittswert von 4,9 in der politischen Mitte. Generell zeigen im Übrigen auch alle Analysen, dass entgegen den Vermutungen der Parteikader von Union und SPD die mit beiden Parteien Unzufriedenen nicht am rechten oder linken Rand, sondern in der politischen Mitte zu finden sind. Das gegenwärtig in Deutschland existierende Vertrauensvakuum ist in der gesellschaftlichen und politischen Mitte und nicht an den Rändern der Gesellschaft entstanden.

Bei den Anhängern der Grünen kann festgestellt werden, dass sie sich selbst wie zu dem Zeitpunkt, als sie zum ersten Mal für die Grünen votierten, weiter dem linken politischen Spektrum zurechnen – wie bürgerlich ihr Lebensstil auch im Verlauf ihrer persönlichen und beruflichen Biografie geworden sein mag.

Im ersten Halbjahr 2012 würden im Durchschnitt insgesamt 14 Prozent der Wahlwilligen grün wählen, wenn eine Bundestagswahl stattfände.

Der schon geschilderten Entwicklung der Grünen hin zu einer stark weiblich dominierten Partei entsprechend wollen weniger Männer 2012 grün wählen (12 %) als Frauen (16 %).

Dabei ist die Neigung der Ostdeutschen, grün zu wählen, bei Männern und Frauen mit 7 bzw. 8 Prozent gleichermaßen relativ gering. In ihrem „Stammland", im Westen der Republik, wollen hingegen mit 13 Prozent weniger Männer als Frauen (18 %) grün wählen.

Während der Anteil der Männer, die grün wählen wollen, bei den 30- bis 44- und den 45- bis 59-Jährigen höher ist als bei den 18- bis 25-Jährigen, gibt es bei den Frauen im Alter von 18 bis 59 Jahren keinen Unterschied in der Präferenz für die grüne Partei. Bei den über 60-Jährigen sind die grünen Präferenzen bei Männern und Frauen mit 7 bzw. 9 Prozent wieder fast gleichermaßen geringer als in den anderen Altersgruppen.

Ähnlich geringe Präferenzen für die Grünen finden sich sowohl bei Männern als auch bei Frauen aus den unteren Bildungsschichten (von den Hauptschulabsolventen wollen nur 6 bzw. 7 Prozent der Männer bzw. Frauen grün wählen) und den unteren sozialen Schichten (von den männlichen und weiblichen Arbeitern wollen nur 7 bzw. 8 Prozent grün wählen).

Die größte Diskrepanz beim Anteil der Sympathien für die Grünen zwischen Männern und Frauen gibt es bei den Beamten, und hier im besonderen Maße bei den Beamten im höheren Dienst. So wollen von den Männern im höheren Beamtendienst 16 Prozent, von den beamteten Frauen im höheren Dienst jedoch 29 Prozent grün wählen.

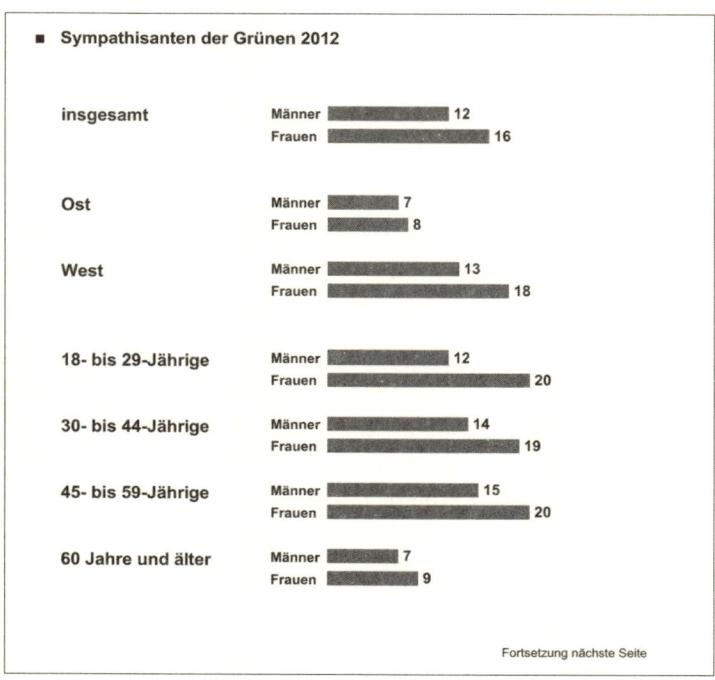

■ **Sympathisanten der Grünen 2012**

insgesamt	Männer	12
	Frauen	16
Ost	Männer	7
	Frauen	8
West	Männer	13
	Frauen	18
18- bis 29-Jährige	Männer	12
	Frauen	20
30- bis 44-Jährige	Männer	14
	Frauen	19
45- bis 59-Jährige	Männer	15
	Frauen	20
60 Jahre und älter	Männer	7
	Frauen	9

Fortsetzung nächste Seite

101

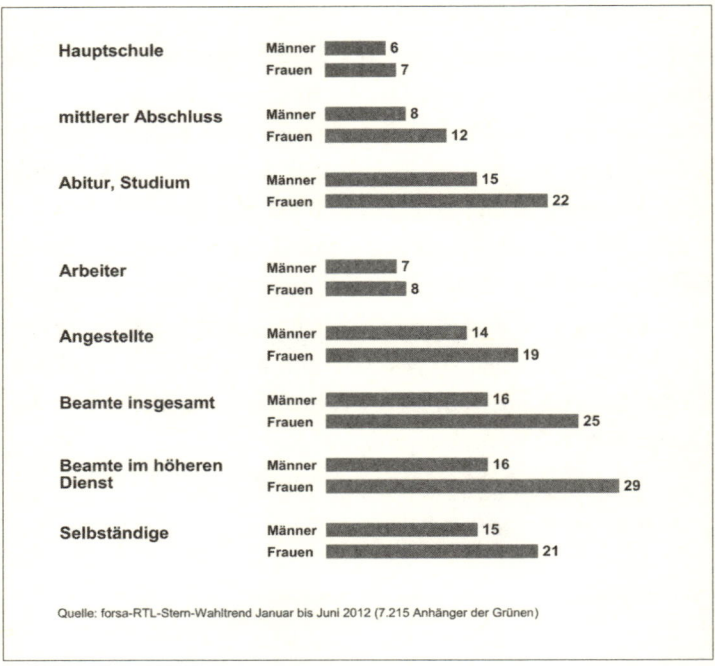

Hauptschule	Männer		6
	Frauen		7
mittlerer Abschluss	Männer		8
	Frauen		12
Abitur, Studium	Männer		15
	Frauen		22
Arbeiter	Männer		7
	Frauen		8
Angestellte	Männer		14
	Frauen		19
Beamte insgesamt	Männer		16
	Frauen		25
Beamte im höheren Dienst	Männer		16
	Frauen		29
Selbständige	Männer		15
	Frauen		21

Quelle: forsa-RTL-Stern-Wahltrend Januar bis Juni 2012 (7.215 Anhänger der Grünen)

Die mit Hilfe multivariater Verfahren herausgefilterten Merkmale, die die Präferenzen für die grüne Partei in besonderem Maße beeinflussen, bestätigen noch einmal sehr klar die schon dargestellten Tendenzen. Danach sind die wesentlichen Merkmale, die die Höhe und Stärke der grünen Neigung beeinflussen, das Geschlecht (Frauen haben höhere Präferenzen für die Grünen als Männer), die Schulbildung (Personen mit Abitur oder Studium haben höhere Präferenzen für die Grünen als Personen mit Hauptschulabschluss oder mittlerer Bildung), das Alter (30- bis 59-Jährige haben höhere Präferenzen als unter 30-Jährige und über 60-Jährige), der Wohnort (in den alten Ländern, hier insbesondere in Baden-Württemberg, ist die Präferenz für Grüne deutlich ausgeprägter als im Osten des Landes) sowie die Ortsgröße (in Städten findet sich eine höhere

Präferenz für die Grünen als in ländlichen Regionen). Das Ergebnis dieser Analyse bestätigt die bisher bereits dargestellten Befunde noch einmal nachdrücklich.

Die höchsten Sympathien für die Grünen finden sich im Übrigen bei den 30- bis 59-jährigen Frauen mit höherer Schulbildung in Baden-Württemberg. Von diesen baden-württembergischen Frauen würden derzeit 40 Prozent die Grünen wählen.

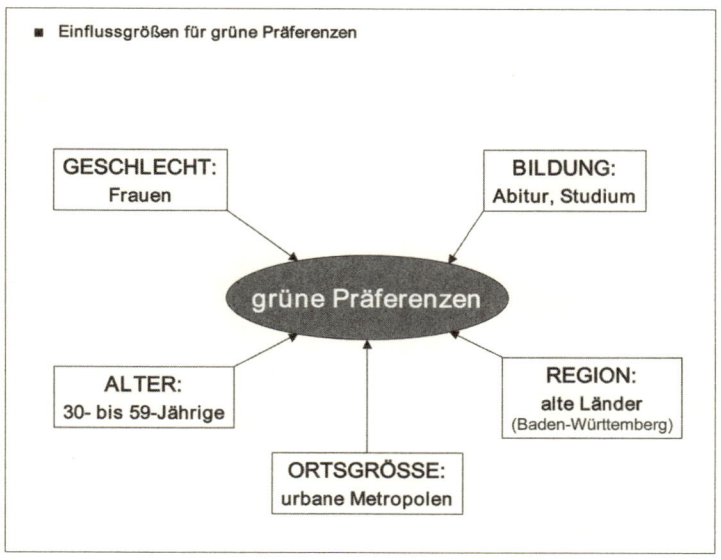

■ Einflussgrößen für grüne Präferenzen

GESCHLECHT:
Frauen

BILDUNG:
Abitur, Studium

grüne Präferenzen

ALTER:
30- bis 59-Jährige

REGION:
alte Länder
(Baden-Württemberg)

ORTSGRÖSSE:
urbane Metropolen

Seit ihrer Formierung zu einer Partei ist die grüne Bewegung in Deutschland immer weiblicher geworden. Nicht geändert hat sich in den über 30 Jahren der Existenz der grünen Partei, dass sie eine „West-Partei" ist, die im Osten des Landes kein der früheren westdeutschen Wohlstandsgesellschaft vergleichbares Milieu vorfindet und damit nur schwach in der Wählerschaft der neuen Länder verankert ist. Nicht geändert hat sich auch seit der Entstehungszeit der Grünen Ende der 1970er bzw.

Anfang der 1980er Jahre, dass sie eine Partei für die Minderheit der oberen Bildungs- und inzwischen auch Einkommensschichten ist. Eine Partei für breite Schichten des Volkes waren die Grünen nie und sind sie auch 2012 trotz guter Wahl- und Umfragedaten nicht geworden. Und sie dürften auch in den nächsten Jahren keine „Volkspartei" werden.

5. Die Macht der Grünen

Die Dominanz des „grünen" Zeitgeistes

Die Grünen hatten sich, nachdem sie 1979 zum ersten Mal bei einer bundesweiten Wahl kandidierten, 1983 ihre ersten Abgeordneten in den Bundestag entsenden konnten und sich bereits 1985 an einer Regierung (damals der Landesregierung in Hessen) beteiligten, schon in den 1980er Jahren (also sehr schnell nach ihrer Gründung) als vierte politische Partei neben den beiden Volksparteien CDU/CSU und SPD sowie der FDP, die lange Zeit als einzige Partei neben Union und Sozialdemokraten existieren konnte, etabliert. Auch als sich nach der Wiedervereinigung die PDS als ostdeutsche Milieu-Partei zu den vier „West-Parteien" hinzugesellte, haben sich die Grünen – nach einem Einbruch bei der ersten gesamtdeutschen Wahl 1990 – im Parteienspektrum des wiedervereinten Deutschland behauptet.

2012 sind sie mit so vielen Abgeordneten wie noch nie in ihrer Geschichte im Bundestag vertreten. Grüne Abgeordnete gibt es in allen 16 Landesparlamenten, im Europaparlament und in so gut wie allen kommunalen Vertretungskörperschaften.

Sie verfügen – anders als etwa die viel ältere liberale Partei in Deutschland – über ein recht großes Potenzial an Stammwählern. Dieses Potenzial ist allein schon – je nach Höhe der Wahlbeteiligung – für 7 bis 8 Prozent der gültigen Stimmen gut. Finden zusätzlich zu diesen Stammwählern (den „Alt-Grünen") noch neue Wähler von anderen Parteien, aus dem Lager der Nichtwähler oder von den Erstwählern zu den Grünen, erreichen sie schnell auch zweistellige Ergebnisse. In einigen Gemeinden und auch in großen urbanen Metropolen wie Stuttgart sind sie stärkste politische Kraft im Gemeindeparlament. In einigen Landesparlamenten sind sie zweitstärkste Kraft – noch vor einer der beiden lange Zeit berechtigterweise sogenannten „Volksparteien" CDU/CSU bzw. SPD.

Ohne die grüne Partei ist das politische Leben in Deutschland heute nicht mehr vorstellbar. Dass sich die Grünen „in der Krise" befinden, wie Klein und Falter nach der Bundestagswahl 2002 zu diagnostizieren glaubten, davon kann 2012 nicht die Rede sein. Die Grünen sind zehn Jahre nach Klein und Falters Prognose 2012 immer noch als eigenständige politische Kraft existent. Sie haben nicht nur die Wahl 2005 – was Klein und Falter 2002 bezweifelten – überlebt, sondern 2009 sogar so viele Wähler – und das ohne Joschka Fischer – mobilisiert wie noch nie zuvor bei einer bundesweiten Wahl. Und während Klein und Falter das „mittel- und langfristige Überleben durchaus fraglich" erschien, sind die Grünen 2012 so agil wie selten zuvor.

Doch die Grünen mischen nicht nur im politischen Alltag auf allen Ebenen der Politik mit ihren Vertretern in den parlamentarischen Gremien kräftig mit. Ihr Einfluss auf das gesamte politische und gesellschaftliche Leben ist weitaus größer als es ihnen nach dem Anteil ihrer Wähler an der Gesamtheit der Bürgerinnen und Bürger zukommen würde. „Grüne" Themen beherrschen einen großen Teil der öffentlichen Diskussion. Und viele „grüne" Ziele und Vorstellungen sind in Deutschland durchgesetzt worden, obwohl die Grünen weit davon entfernt sind, eine – wie der SPIEGEL 2011 mutmaßte – Volkspartei zu sein, sondern unverändert – wie zu ihren Anfangszeiten – nur die Interessen einer Minorität der oberen Bildungs- und inzwischen auch Einkommensschichten vertreten.

Grüne Vorstellungen haben sich z.B. in der Verkehrspolitik weitgehend und flächendeckend durchgesetzt. Fast überall wurden „verkehrsberuhigte" Zonen eingerichtet – auch dort, wo es kaum Verkehr gab und gibt. Schöne Dorfstraßen wurden mit allen möglichen und unmöglichen Poldern, Betonbarrieren oder anderen Ungetümen in grausliche Areale verwandelt. Viele dieser zur „Verkehrsberuhigung" eingeführten Zonen führten allerdings dazu, dass insgesamt mehr Verkehr erzeugt wurde. Frühere „grüne Wellen" wurden durch Ampelschaltungen ersetzt, die möglichst viele Rot-Phasen enthalten. Dadurch wird zwar mehr Schadstoff ausgestoßen – aber man konnte die Autofahrer wieder einmal drangsalieren. Flächendeckende Tempo-30-Zonen wurden und werden eingeführt, über deren Sinn oder Unsinn nicht mehr nachgedacht wird. Ob damit irgendein Problem des innerstädtischen Verkehrs gelöst wird, steht nicht zur Debatte. Und selbst wenn die Bürger denen, die solchen Unfug angerichtet haben, die „rote Karte" zeigen, ist von Einsichtsfähigkeit bei den Verantwortlichen wenig zu spüren. In Kassel z.B. wurde die SPD – nachdem sie grüne Verkehrsplaner bei ihrem Konzept einer das ganze Stadtgebiet umfassenden Einführung von Tempo-30-Zonen hatte werkeln lassen – nach gut 40-jähriger Dominanz aus dem Rathaus gejagt. Doch auch nachdem die SPD ihre Mehrheit in der Stadtverordnetenversammlung verloren hatte, der SPD-Oberbürgermeister abgewählt war und zum ersten Mal seit Ende des Zweiten Weltkriegs ein CDU-Vertreter in Kassel Oberbürgermeister wurde, glaubten die Verantwortlichen, ihre verfehlte Verkehrsplanung sei richtig gewesen und nicht der Grund für die katastrophale Wahlniederlage der SPD.

Fahrradwege wurden und werden eingerichtet, ohne wirklich zu prüfen, ob das Fahrrad im Wirtschaftsverkehr ein für alle sinnvolles und akzeptiertes Verkehrsmittel ist. In Köln unterstellten grüne Stadtplaner Anfang der 1980er Jahre, dass demnächst ein Drittel aller Kölner mit dem Fahrrad – unabhängig von den Witterungsverhältnissen – zur Arbeit fahren würde. Dass selbst der grün-affine Leiter des Stadtentwicklungsamts nur bei Sonnenschein sporadisch das Fahrrad nutzte, um ins Amt zu gelangen, wurde bei diesen Überlegungen ausgeblendet. Vor allem aber wurde ignoriert, dass damals tatsächlich nur eine winzige Minderheit von 3 Prozent aller Kölner das Fahrrad für die Fahrt zum Arbeitsplatz nutzte. Nachdem das Fahrradwegenetz mit der für damalige Verhältnisse enormen Summe von 600.000 DM in der Innenstadt trotz aller Warnungen der Stadtforscher, die das wahre Verkehrsverhalten der Kölner erkundet hatten, fertiggestellt worden war, wurde kaum ein Fahrradfahrer auf diesen Fahrradwegen gesehen. Und die Fahrradfahrer-Lobby ADFC verkündete sogar lauthals, die Fahrradwege wegen zu großer Holprigkeit nicht nutzen zu wollen, sondern lieber auf der Straße Fahrrad zu fahren.

In Erlangen wurde der damalige SPD-Oberbürgermeister Dietmar Hahlweg so lange als leuchtendes Vorbild für eine fortschrittliche Verkehrspolitik in ganz Deutschland und sogar in Teilen Europas gefeiert, wie sich das Projekt einer autofreien Stadt Erlangen in der Planungsphase befand. Nach der Realisierung mit den daraus folgenden großen Schwierigkeiten des Wirtschaftsverkehrs und den Beeinträchtigungen für die Unternehmen in der Stadt, hörte man von dem Projekt, seinen Korrekturen und seinem Mentor nur noch wenig, zumal seit 1996 ein CSU-Oberbürgermeister in Erlangen amtiert.

Doch das Scheitern all dieser Experimente führt nicht dazu, dass andere Kommunen und ihre Vertreter daraus lernen würden. Immer wieder – wie gerade in Berlin – werden flächendeckend Tempo-30-Zonen eingerichtet oder wird das Konzept einer „Fahrradfahrerstadt" mit großem finanziellem Aufwand vorangetrieben. Es werden auch sogenannte „Fahrradstraßen" eingerichtet, deren Sinn von niemandem, auch von denen, die sie zu verantworten haben, erklärt werden kann und es soll auch schon Städte und Gemeinden geben, die „Fahrradbeschleunigungsspuren" eingeführt haben. Die Lokalpolitiker wundern sich dann aber, wieso die Bürger nicht so recht wissen, was sie damit anfangen sollen. Jedwede Verkehrsregeln für Fahrradfahrer werden aufgehoben – auch wenn dadurch die Unfallgefahr steigt. In Städten wie Berlin soll das Fahrrad flächendeckend das wichtigste Verkehrsmittel werden, auch wenn Fahrradfahren mit steigendem Lebensalter immer gefährlicher wird. Wieso die mit einer solchen Verkehrspolitik einhergehenden steigenden Unfallziffern für ältere Bürger als „soziale Verkehrspolitik" deklariert werden, bleibt unerfindlich.

Gleiches gilt für den von rot-grünen Landesregierungen geförderten Rückbau von Haltebuchten für Busse, damit durch den Bus-Stopp auf der Straße der Verkehr behindert wird. Auf die Sicherheit der aus- und einsteigenden Fahrgäste – vor allem Kinder und ältere Menschen – wurde dabei keine Rücksicht genommen.

„Umweltzonen" wurden und werden in immer mehr Städten eingerichtet. Alexander Neubacher, Wirtschaftsredakteur im Hauptstadtbüro des SPIEGEL, beziffert in seinem Buch „Ökofimmel" die bisher für die Einführung der Umweltzonen aufgewendeten Mittel unter Berufung auf den Verkehrsexperten Ferdinand Dudenhöffer von der Universität Duisburg-Essen auf gut 12 Milliarden Euro.[31] Doch die Wirkung dieser Investitionen ist gleich null. In Berlin lag die Feinstaubbelastung 2007, vor der Einführung der Umweltzone, insgesamt 30 Tage über der kritischen Grenze. 2009 und 2010, nach der

Einführung der Umweltzone, stieg die Zahl der kritischen Tage auf 39 bzw. 53 Tage. „Offensichtlich besteht zwischen Umweltzone und Luftqualität nicht der geringste Zusammenhang", resümiert Neubacher.[32] Wenn die Politik in Berlin dennoch entgegen den Tatsachen verkündet: „Die Umweltzone wirkt" und die „Belastung der Berliner Luft" sei „deutlich gesunken", wird dabei, wie Neubacher aufdeckt, „getrickst". Es wird als Beleg eine Studie präsentiert, die rein hypothetisch feststellt, dass „die Konzentration von Dieselruß (also nicht Feinstaub!) in der Atemluft höher ausfallen würde, wenn es keine Umweltzone gäbe".[33]

Ebenso unsinnig ist die Einführung der neuen Benzinart E10. Abgesehen davon, dass – trotz aller Beschwichtigungen der Politiker – viele Autos den Sprit nicht vertragen (das Bundesinnenministerium wies z.B. „seine Beamten an, Dienstfahrzeuge vorerst nicht mit dem Biosprit zu betanken"[34]), müssten bis zu „69.000 Quadratkilometer Wald, Weiden und Feuchtgebiete" als „Ackerland kultiviert werden, um nur den künftigen Biospritbedarf der Europäer zu decken, eine Fläche zweimal so groß wie Belgien".[35] Die Folgen für die herkömmliche Landwirtschaft sind verheerend. Zum ersten Mal seit 25 Jahren „musste Deutschland 2011 Getreide importieren, um genug Brot zu backen",[36] weil der Mais- bzw. Rapsanbau für die Produktion von Biokraftstoffen Flächen für den Anbau von Getreide verdrängt.

Im Entsorgungsbereich haben sich ebenso wie in der Verkehrspolitik „grüne" Ideen durchgesetzt – selbst wenn sie auch hier unsinnig oder einem wirklichen ökologischen Nutzen sogar abträglich sind. Die rigide Mülltrennung ist in der eingeführten Form ein solcher Fall. Einige wenige einsichtsvolle Städte sind inzwischen deshalb wieder zur alten Einheitstonne zurückgekehrt. Die im „dualen System" eingeführte „gelbe"

Tonne zur getrennten Sammlung von mit dem grünen Punkt gekennzeichnetem Plastikmüll – einst als Prototyp umweltfreundlichen Recyclings gefeiert – diente im Endeffekt nur dazu, dass Finanzhaie die im dualen System anfallenden Gewinne privatisierten. Überdies werden – wie bei Neubacher nachzulesen – nur 36 Prozent des Plastikmülls tatsächlich recycelt, die „restlichen" 64 Prozent jedoch schlicht (ohne jeden ökologischen Nutzen) in Verbrennungsanlagen verbrannt.

Ebenso hat das vom früheren grünen Umweltminister Jürgen Trittin eingeführte Dosenpfand sein einstmals propagiertes Ziel nicht erreicht. Der Anteil von Mehrwegflaschen ist seit Einführung des Dosenpfands nicht gestiegen, sondern gesunken: 2003 lag „der Marktanteil von Mehrwegflaschen noch bei 64 Prozent; inzwischen ist er auf 50 Prozent gesunken."[37]

Und die verteufelten Plastiktüten sind – wie die staatliche Schweizer Materialprüfstelle EMPA im Hinblick auf die Ökobilanz verschiedener Tragetaschen (Jute, Plastik, etc.) festgestellt hat – ökologischer als Stofftaschen.[38]

Auch das Wasser ist von „grüner Infizierung" nicht verschont geblieben. Dabei ist der Schutz der Gewässer sicherlich ein löbliches Ziel – nur um das zu beherzigen, hätte es nicht der grünen Bewegung bedurft. Man hätte nur das schon erwähnte Preußische Wassergesetz von 1913 konsequent anwenden müssen – dann wären viele Bäche, Flüsse und Seen gar nicht so verunreinigt worden, wie sie es später waren. Absurd aber ist der vom grünen Zeitgeist ausgehende Druck auf die Menschen zum Wassersparen. Das ist an sich schon eine völlige Verkennung der spezifischen Eigenschaften der Ressource Wasser. Damit Wasser in ausreichendem Maße für möglichst viele Menschen zur Verfügung steht, bedarf es eines funktionierenden Wasser-Kreislaufs. Wird dieser Kreislauf unterbrochen, hat das fatale Folgen für die Verfügbarkeit von Wasser.

Alle Appelle zum Wassersparen, die Ausstattung der Toiletten mit „Stopptasten", die Verbreitung von Duschköpfen, die mit möglichst viel verwirbelter Luft einen möglichst geringen Wasserdurchlauf erzeugen, gefährden aber den für die gleichmäßige Versorgung mit Wasser erforderlichen Kreislauf. Dass das alles zudem zu einer Verdickung der Abwässer und damit einer Verstopfung der Rohre der Kanalisation führt (mit entsprechenden finanziellen Mehrbelastungen der Kommunen), ist eine weitere negative Folge falschen Wassersparens.

Ebenso kritisch zu hinterfragen wie das Wassersparen ist die von der generell „grün" durchwirkten Politik geforderte und geförderte totale „Dämmung" der Gebäude. Was bei Neubauten unter entsprechender Berücksichtigung aller Eigenschaften von Baumaterialien vielleicht noch sinnvoll ist, erweist sich bei Altbauten aber keinesfalls als empfehlenswert und oft sogar als gesundheitsschädlich. Umfassende Isolierungen alter Gebäude haben für die Menschen nicht nur unangenehme Folgen durch die Änderung des Raumklimas im Gebäude, sondern sie bewirken auch Schimmelbildungen mit gefährlichen Folgen für die Gesundheit. Neubacher weist darauf hin, dass es in einigen Bundesstaaten der USA inzwischen sogar verboten ist, Gebäude mit Dämmplatten zu versehen.[39] Doch in Deutschland ignoriert man diese negativen Auswirkungen und will im Rahmen der „Energiewende" weitere Dämmmaßnahmen im gesamten Gebäudebestand erzwingen.

In der Landwirtschaft sollen der grünen Ideologie entsprechend vorrangig Öko- oder Bio-Betriebe gefördert werden. Propagiert wird zudem, dass Produkte aus der Region bevorzugt verzehrt und verbraucht werden sollen. Das allein ist schon durchaus kritisch zu hinterfragen; denn – wie Neubacher berichtet – sind z.B. Importäpfel viel besser als ihr Ruf und ihre Öko-Bilanz sogar besser als die Bilanz der beim heimischen Bio-Bauern gekauften Äpfel.[40] Insgesamt wird die Pflege bewährter Landwirtschaftstraditionen durch die einseitige Förderung der ökologischen Landwirtschaft immer mehr zurückgedrängt und letztlich ein künstlicher, der Mehrheit der Verbraucher nichts nutzender Gegensatz zwischen herkömmlicher und Öko-Landwirtschaft konstruiert und aufgebauscht.

Eines der markantesten Beispiele dafür, wie sich die grüne Ideologie in Politik und Gesellschaft durchgesetzt hat, ist die sogenannte „Energiewende", die im Frühjahr 2011 von der CDU/CSU-FDP-Koalition mit einhelliger Unterstützung der Oppositionsparteien SPD, Grüne und Linkspartei beschlossen wurde. In der Energiepolitik hat es im Lauf der Zeit eine Minorität der Bürger geschafft, der Mehrheit ihre Vorstellungen davon aufzuzwingen, wie man in Deutschland mit Energie umzugehen hat.

Dieser Prozess begann im Prinzip schon mit dem Kampf der grünen Bewegung gegen die friedliche Nutzung der Kernenergie. Die Form der damaligen Proteste gegen die Kernenergie war darauf angelegt, die Akzeptanz dieser zum Teil gewaltsamen Proteste größer aussehen zu lassen als sie tatsächlich war; denn eine große Mehrheit der Bürger hatte Ende der 1970er und Anfang der 1980er Jahre für diese Proteste wenig Verständnis, weil man die Kernkraft im Energie-Mix (fossile Energiearten – damals vor allem Kohle und Öl und in geringerem Maße Gas – plus Einsparungen von Energie) für unabdingbar notwendig hielt. Doch Medien und Politik beeindruckte schon damals die Wucht der Proteste, so dass die Akzeptanz der Anti-Atomkraft-Proteste in der Bevölkerung bis heute immer überschätzt wurde und wird.

Als sich dann nach dem Reaktorunglück von Tschernobyl auch die Einstellungen der Bevölkerung insgesamt zur Kernenergie änderten und es über die grüne Bewegung hinaus Vorbehalte gegen ihre Nutzung gab, änderten Parteien wie die SPD ihre Haltung zur Kernenergie und lehnten die bis dahin forcierte Nutzung dieser Energieart zur Erzeugung von Strom ab. Das änderte sich auch dann nicht wieder, als einige Jahre nach Tschernobyl die Dämonisierung der Kernkraft abflachte und bei den meisten Bürgern wieder einer mehr pragmatischen Sicht zur Nutzung der verschiedenen Energiearten wich. Zwar blieben manche Vorbehalte gegen die Kernkraft (wie Strahlengefahren, Probleme der Entsorgung, Sicherheit der Kernkraftwerke bei Terroranschlägen etc.) bestehen, doch der Mehrheit der Bürger war es relativ gleichgültig, mit Hilfe welcher Energieart Strom erzeugt wird. Wichtig war und ist den meisten Bürgern, dass genügend und bezahlbare Energie vorhanden ist, um nicht irgendwann im Dunklen oder Kalten sitzen zu müssen. Erneuerbare Energien (vor allem Sonne und Wind) wurden zwar schon in den 1970er Jahren von den meisten Bürgern als Energiearten der Zukunft gesehen; doch nur eine Minderheit glaubte (und glaubt im Übrigen auch heute), dass der Energiebedarf in Deutschland auf absehbare Zeit allein durch erneuerbare Energien gedeckt werden könne. Die Berichterstattung der Medien vermittelt aber seit Tschernobyl und erst recht seit Fukushima den Eindruck, als ob ein schneller Ausstieg aus der Kernenergie eines der drängendsten Probleme der Bürger sei.

In der rot-grünen Regierung von 1998 bis 2005 auf Bundesebene setzten die Grünen dann im „Atom-Kompromiss" mit ihrem Koalitionspartner SPD und den Energiekonzernen den Ausstieg aus der Kernenergie durch. Damit war das Thema auch für die grüne Bewegung zunächst erledigt. Nachdem die Grünen auf Bundesebene wieder in der Opposition waren, sorgte die CDU/CSU-FDP-Regierung nach 2009 dafür, dass das Thema Kernenergie erneut auf die Agenda der öffentlichen und politischen Diskussion kam. Der rot-grüne Atom-Kompromiss sollte geändert und die darin vorgesehene Laufzeit der Kernkraftwerke verlängert werden.

Als die bürgerliche Koalition aus Union und FDP nach langen internen Diskussionen die Laufzeiten der Kernkraftwerke im Herbst 2010 dann tatsächlich verlängerte, versuchten die Grünen, den Kampf gegen die Atomkraft wieder in Gang zu bringen. Die Proteste im Herbst 2010 wurden von den Medien den Erwartungen der Grünen entsprechend als „Renaissance der Anti-Atom-Bewegung" der 1970er Jahre auf breiter Basis gewertet. Wieder einmal wurde dabei das wirkliche Ausmaß dieser Proteste weit überzogen dargestellt; denn eine bundesweite Mobilisierung von 200.000 Menschen gegen die Laufzeitverlängerung als „Aufstand der Massen" zu interpretieren, lässt außer Acht, dass es sich dabei im Wesentlichen nur um diejenigen handelte, die schon seit Jahren gegen die Kernkraft protestierten – angereichert um ein paar jugendliche Demonstranten. Die Politik ging aufgrund der Medienberichterstattung davon aus, dass es einen massiven Widerstand von breiten Bevölkerungsschichten gegen die Kernenergie gäbe.

Diesem vermeintlichen Willen des Volkes glaubte die Politik dann nach dem Reaktorunglück in Fukushima Folge leisten zu müssen und beschloss, den Ausstieg aus der Kernenergie so schnell wie möglich vorzunehmen. Über Nacht wurde aufgrund dieser falschen Einschätzung von den Regierungsparteien eine abrupte Kehrtwende in der Energiepolitik vollzogen. Obwohl auch unmittelbar nach Fukushima über 60 Prozent der Bundesbürger die deutschen Kernkraftwerke noch für sicher hielten, über 70 Prozent der Deutschen meinten, dass auf absehbare Zeit nicht auf die Kernenergie verzichtet werden könne, nur eine Minderheit von 39 Prozent der Meinung war, dass der Energiebedarf in Deutschland allein durch erneuerbare Energien gedeckt werden könne und nur 44 Prozent an ein Gelingen der Energiewende glauben, hielt und halten die Politiker die Energiewende für eines der wichtigsten Ziele der deutschen Politik. Wirklich ernsthaft geprüft wurde auch nicht, ob der Umstieg auf erneuerbare Energien tatsächlich in der vorgesehenen Zeit möglich ist. Um diese Frage zu prüfen, diente der Regierung die von ihr eingesetzte „Ethik-Kommission", obwohl eine Kommission aus Energiefachleuten wohl besser gewesen wäre; denn dann hätte sich die Regierung sagen lassen müssen, dass Zweifel angebracht sind, ob der Ausstieg aus der Kernenergie tatsächlich bis 2022 gelingen kann, ohne die Versorgung der Haushalte und der Wirtschaft mit Energie zu gefährden. Doch der „grüne" Meinungsdruck verhindert nach Fukushima eine realistische Sicht auf die mit der „Energiewende" entstehenden Versorgungsprobleme.

Stattdessen wurden und werden Hoffnungen auf Energiearten gesetzt, die zur Energieversorgung – zumindest auf absehbare Zeit – nur einen geringen Beitrag leisten können. Dies ist bei der von „grünen" Ideologen in allen politischen Gruppierungen hochgelobten Solarenergie der Fall. Dabei wundert sich kaum jemand darüber, dass von allen Photovoltaik-Anlagen auf der Welt allein die Hälfte in Deutschland zu finden ist. Und dass die Solarenergie im Vergleich mit Wasser- oder auch Windkraftanlagen die „ineffizienteste Technologie" ist, die allerdings „mit den meisten Subventionen gepäppelt"[41] wird – wie Neubacher seine zusammengetragenen Informationen bewertet –, wird verdrängt. Die Photovoltaik erhielt 2011 laut Neubacher 8 Milliarden Euro Fördermittel (55 Prozent aller Subventionen für erneuerbare Energien), doch sie lieferte nur 20 Prozent der gesamten erneuerbaren Energien. Die Subventionen für die Solarenergie sind – wie das RWI in Essen errechnet hat – viermal so hoch wie die früher für die Steinkohle bereitgestellten Subventionen.

Neubacher entlarvt auch die Zahlentricks, mit denen die Solarlobby die Öffentlichkeit täuscht. So wird behauptet, alle Solaranlagen zusammen kämen in Deutschland nominal auf eine Leistung von 20 Gigawatt, was der Leistung aller noch verbliebenen Kernkraftwerke entspräche. Doch solche „Spitzenleistung bringen die Solaranlagen nur bei optimaler Bestrahlung (1.000 Watt pro Quadratmeter), perfektem Zenitwinkel (48,2 Grad) und idealer Modultemperatur (25 Grad Celsius), also unter Bedingungen, die außerhalb eines Labors so gut wie nie vorkommen. Unter realen Bedingungen erzeugt die gesamte Photovoltaik daher nicht einmal so viel Strom wie zwei Atomreaktoren". Dabei wird immer vergessen, dass Solaranlagen „bei Tag und Nacht durch Backup-Kraftwerke abgesichert werden" müssen, was zu „einer teuren, im Prinzip überflüssigen Doppelausstattung führt."[42] Neubacher weist zudem auf die absurde Situation hin, dass dann, wenn bei günstigen Bedingungen mehr Solarstrom erzeugt als gebraucht wird, die überschüssige Menge über die Strombörse ganz schnell ins Ausland verschenkt werden muss. Manchmal müssen sogar bis zu 1.500 Euro pro Megawattstunde für diese Abnahme bezahlt werden. Dieses Phänomen der „negativen Preise" bei Strom sucht „auf der ganzen Welt seinesgleichen".[43] Und die Österreicher lachen sich ins Fäustchen, dass sie von den Deutschen überschüssigen Strom billig kaufen können oder gar geschenkt bekommen, um damit ihre Pumpspeicherwerke zu füllen. Benötigt Deutschland dann Strom, verkaufen die Österreicher den zuvor billig oder umsonst erworbenen Strom mit großen Gewinnen an die Deutschen.

Erwähnt sei noch, dass die Entsorgung der höchst gesundheitsgefährdenden Solarzellen völlig ungelöst ist. Die ungelöste

Entsorgung bei der Kernenergie ist ja für die Befürworter der Solarenergie eines der Hauptargumente gegen diese Energieart. Doch die Entsorgungsproblematik bei der Solarenergie wird geflissentlich verschwiegen.

Genauso wie die Höhe der Subventionen für die Solarenergie von der Solarlobby totgeschwiegen wird, wird auch nicht darüber geredet, dass die Solarenergie die Kluft zwischen Arm und Reich in der Gesellschaft weiter vergrößert. Ein mit öffentlichen Mitteln gefördertes Solardach bringt trotz aller inzwischen vorgenommenen Kürzungen immer noch eine Rendite zwischen 7 und 10 Prozent.[44] Normalerweise kommt – so Neubacher – „kein Besitzer einer Photovoltaikanlage auf die Idee, den selbst erzeugten Strom selbst zu verbrauchen. Dazu ist er viel zu wertvoll". „Ganz unverhohlen" spricht die Solarbranche auch von einer „Gelddruckmaschine"[45], die über den Strompreis von allen Bürgern – auch den Hartz-IV-Empfängern – finanziert wird.

Nur am Rande sei darauf hingewiesen, wie Solardächer auch ehemals schöne Gebäudeensembles völlig verschandeln. So wurden z.B. mittelalterliche Ortskerne in Nordhessen, einst für die Fremdenverkehrswerbung genutzte Kleinode, durch flächendeckende Installation von Solardächern „verhässlicht". Das gilt auch für die Marburger Altstadt, wo die Stadtspitze per „Solarsatzung" durchsetzen will, dass die Dächer der alten Gebäude mit Solarzellen verunstaltet werden.

Im Laufe der Zeit wurden aber von anderen Parteien nicht nur viele einzelne, ursprünglich grüne Themen und Ziele, sondern auch generelle grüne Politikansätze übernommen. Dies gilt vor allem für den von Hubert Kleinert so bezeichneten „partizipativen Grundzug" der Grünen, also eine „andere Form der politischen Willensbildung" und direkt-demokratischer Durchsetzung von „Selbstverwirklichungs- und Autonomieansprüchen"[46] bestimmter Gruppen der Bevölkerung. Diese von den Grünen von Anfang an präferierten Formen „direkter Demokratie" werden heute auch von vielen anderen politischen Akteuren sowie von Kulturkritikern, Intellektuellen und Medien gefordert. Dazu gehören alle Formen von Plebisziten, wie Bürgerbegehren und Volksentscheide oder die verschiedensten Partizipationsangebote bei Planungs- und Entwicklungsmaßnahmen. Solche „partizipativen" Elemente werden dabei häufig gefordert ohne zu prüfen, ob die gewünschten Formen und Möglichkeiten mehr direkter Beteiligung der Bürger auch wirklich angemessen und nützlich sind und auch den Interessen der Mehrheit der Bürger dienen oder ob damit nur Partikular-Interessen durchgesetzt werden sollen.

Ob die Bürger die verschiedenen Teilhabe- und Partizipationsangebote auch tatsächlich nutzen oder nicht, spielt ebenfalls keine Rolle. Obwohl die Wahlbeteiligung z.B. bei Direktwahlen von Stadtoberhäuptern laufend sinkt (selbst in überschaubaren Städten wie Flensburg beteiligten sich z.T. nur etwas mehr als ein Viertel der Wahlberechtigten an Oberbürgermeister-Direktwahlen) und obwohl an Volksabstimmungen nur wenige Bürger teilnehmen, werden weiterhin mehr Direktwahlen (z.B. die des Bundespräsidenten) oder Volksentscheide gefordert.

Doch wenn Gefahr droht, dass Volkes Wille nicht mit den grünen Zielen und Wünschen übereinstimmt, wird bei den Grünen ohne Skrupel auch an Manipulationen gedacht, so z.B. bei der aus Sicht der Grünen nicht erfolgreich verlaufenen Volksabstimmung zu Stuttgart 21, wo Umfragen schon immer signalisierten, dass eine Mehrheit der Bürger den Umbau des Stuttgarter Bahnhofs befürwortet. Um dennoch eine Mehrheit gegen „Stuttgart 21" zustande zu bringen, wurde von den Grünen erwogen, das Quorum für die Abstimmung durch Änderung der Landesverfassung herunterzuschrauben.

All diese aufgeführten wenigen Beispiele zeigen, wie sehr sich in Deutschland ein „grüner Zeitgeist" ausgebreitet hat.

Dieser „grüne Zeitgeist" bewirkt nicht nur in der Politik falsche Weichenstellungen und Fehlentscheidungen, die bei der Mehrheit der Bürger eher zu Unverständnis führen. Er führt auch bei vielen Unternehmen immer häufiger zu völlig verfehlten Einschätzungen der Befindlichkeiten von Menschen. Wenn z.B. ein großer Energieversorger wie E.ON seine Werbung gänzlich darauf abstellt, sich als größter Erzeuger von erneuerbarer Energie im Lande zu präsentieren, und E.ON-Chef Johannes Teyssen sich in einem FAS-Interview zu der Behauptung versteigt: „Wir sind der grünste Energieerzeuger der Welt"[47], dann nimmt das einem Unternehmen wie E.ON niemand ab. Zur Imageverbesserung trägt das nicht bei, sondern dadurch schrumpft E.ON's Glaubwürdigkeit weiter. Aber auch alle anderen Unternehmen, die glauben, mit „grünen" Themen Vertrauen beim Verbraucher gewinnen oder gar ihren Absatz erhöhen zu können, sind eher auf dem Holzweg. Absurde Züge erreicht diese Werbung mit „grüner" Nachhaltigkeit, wenn ein Nahrungsmittelproduzent mit „grünem Käse" („Grünländer. Der Käse mit der grünen Seele") wirbt, oder ein Netzwerk von Energieversorgern in Nordrhein-Westfalen glaubt, für ein angeblich vorhandenes „super-grünes" Milieu eine besondere Strommarke namens „Straße rauf" anbieten zu müssen!

Manche aufgrund derartiger Fehleinschätzungen der tatsächlichen Verankerung eines grünen Zeitgeistes von Politik oder Unternehmen eingeleiteten Maßnahmen mögen vielleicht dazu beitragen, den Umwelt- und Klimaschutz zu verbessern. Doch viele aufgrund dieser Fehleinschätzungen beschlossene Maßnahmen sind – wie schon dargestellt – völlig überzogen, wirkungslos oder geradezu im Sinne einer wirklichen Verbesserung des Schutzes der Umwelt kontraproduktiv. Und vieles, was auf Druck des „grünen" Zeitgeistes passiert ist oder noch passiert, dient nicht den Interessen der großen Mehrheit der Bürger, sondern nur den Interessen einer (grünen) Minderheit.

Unabhängig von solchen Maßnahmen im Detail ist aber eine die weitere Entwicklung einer lebenswerten und humanen Gesellschaft behindernde Mentalität in Deutschland entstanden. Allein in der von weiten Teilen der Medien und Politik übernommenen Sprache – von Neubacher als „Grünsprech" treffend charakterisiert – deutet sich eine merkwürdige Umdeutung früher geltender Normen und Werte an. Der grünen Bewegung ist es in den drei Jahrzehnten, in denen sie aktiv ist, gelungen, in der deutschen Öffentlichkeit für die Verbreitung einer Mentalität zu sorgen, die gekennzeichnet ist durch die Ächtung jedwedes Fortschrittgedankens, durch die Verteufelung aller der Mobilität der Menschen dienenden Maßnahmen, durch ein generelles Misstrauen gegen Technik und durch ein Lob des Verzichts (sofern er andere betrifft).

Neubacher weist zu Recht darauf hin, dass unser Leben heute anders aussehen würde, wenn es diese in alle Bereiche der Gesellschaft hineinwirkende grüne Mentalität schon früher gegeben hätte. „Dass sich Schutzimpfungen gegen Masern oder Röteln jemals durchgesetzt hätten, darf bezweifelt werden: zu gefährlich. Die Röntgentechnik: zu riskant. Elektrizität: Finger weg. Oder der Flugverkehr: ... undenkbar. Womöglich säßen wir Menschen noch immer mit nacktem Hintern in einer Höhle im Neandertal und schlügen unserem Kind den zufällig aufgelesenen Feuerstein aus der Hand. Nicht, dass es sich verbrennt."[48]

Doch wie kommt es, dass eine ganze Gesellschaft „ergrünt", obwohl die Anhänger der Bewegung heute wie schon zur Zeit der Entstehung der Grünen eine Minorität darstellen? Wie kommt es, dass über diese grüne Anhängerschaft hinaus so viele Angehörige der deutschen Führungseliten (Medien, Politik, Kultur, Wissenschaft und auch Teile der Wirtschaft) für eine immer weitere Verbreitung und Stabilisierung eines grünen Zeitgeistes gesorgt haben? Wie kommt es, dass grüne Vorstellungen auch dann noch weiter verbreitet und verfolgt werden, wenn sie sich als falsch und irrsinnig erwiesen haben?

Die „grünen Helfershelfer"

Ein wichtiger Grund für die relativ schnelle und weite Verbreitung des grünen Zeitgeistes in der deutschen Gesellschaft ist, dass die grüne Bewegung seit ihren Anfängen, sowohl was ihre Führungsfiguren als auch ihre Gefolgschaft anbetrifft, einem privilegierten Segment der deutschen Bildungsschicht entstammt. Kommunikative Fertigkeiten und ein missionarischer Drang zeichnen dieses Segment der deutschen Mittelschicht aus. Entsprechend geschickt artikulierten sich die Anhänger der grünen Bewegung von Anbeginn. Und gekonnt gingen sie auch mit den Medien um oder bildeten effiziente Netzwerke.

Unter den Aktivisten der grünen Bewegung waren von Anfang an gesellschaftliche Multiplikatoren aus dem Bildungs- und Wissenschaftsbetrieb überrepräsentiert, die die Wirkung der Grünen seit ihrer Gründung verstärkten. Lehrer waren für die Verbreitung grüner Ideen in der jüngeren Generation ungeheuer wichtig. Im grünen Zeitgeist erzogene Schüler an deutschen Gymnasien waren eine wichtige und stetig sprudelnde Quelle für den Wählernachwuchs der Grünen.

Extrem wichtig war für die Grünen ihre Verankerung in der Wissenschaft. Da war und ist zum einen die direkte und zum

Teil massive Unterstützung der grünen Bewegung durch einzelne Wissenschaftler, die den Grünen entsprechende Reputation verschaffte. Dass die Grünen schon in ihrer Anfangsphase von Wissenschaftlern wie Peter C. Mayer-Tasch, Professor für Politikwissenschaft und Rechtstheorie an der Universität München und zeitweise geschäftsführender Direktor am Geschwister-Scholl-Institut für Politische Wissenschaft, tatkräftig unterstützt und in Publikationen hoch gelobt wurden,[49] brachte ihnen von Beginn an hohe Anerkennung im intellektuellen Milieu.

Auch der Hamburger Politologe Joachim Raschke, der die Entwicklung der Grünen permanent beobachtet und begleitet hat (und seine Beobachtungen in der wohl umfassendsten und ausführlichsten Monographie über die grüne Bewegung zusammengefasst hat), leistete den Grünen bei der Entwicklung und Verfolgung ihrer Strategien wichtige Hilfestellungen. Raschkes Beitrag zur Verbreitung grüner Ideen kann durch seine permanente Beratung der Grünen während ihrer gesamten Entwicklung nicht hoch genug eingeschätzt werden.

Der Münchener Sozialphilosoph Ulrich Beck unterstützt die Grünen ebenfalls bei ihrem Bestreben, ihre nur bei einer Minorität radikalisierter Mittelschichten vorzufindenden Wertemuster dem großen Rest der Gesellschaft aufzudrängen. Ulrich Beck deutete z.B. in der FAZ die nach Fukushima von der deutschen Politik vollzogene abrupte Kehrtwende in der Energiepolitik in eine „Demokratiewende" um und feierte sie als „Sieg der grünen Politik".[50] Und obwohl die grüne Bewegung nie eine Legitimierung durch eine Mehrheit des Volkes hat und hatte, sieht Beck die Grünen „ermächtigt" (!), ihre Werte und Ziele der gesamten Gesellschaft aufzuzwingen.[51]

Generell nutzte den Grünen ihre Verankerung im deutschen Wissenschaftsbetrieb. Schon 1985, bei den Verhandlungen über die Bildung der ersten rot-grünen Koalition auf Landesebene in Hessen, verblüfften die grünen Vertreter die SPD-Delegation durch ihre wohlpräparierten und bis ins Detail ausgearbeiteten Vorschläge und Forderungen, die sie aus ihrem Netzwerk an den hessischen Universitäten nach Belieben abrufen konnten. Die SPD-Vertreter wirkten dagegen wie tumbe Toren.

Für die Akzeptanz grüner Ideen und Forderungen war es äußerst wichtig, dass sie permanent durch Wissenschaftler „geadelt" wurden. Jedwedes noch so große Horrorszenario wurde durch den Grünen nahestehende Wissenschaftler unterfüttert und damit aufgewertet. So hielt sich viele Jahre die völlig unbewiesene (und inzwischen auch empirisch widerlegte) Behauptung, dass im Umfeld von Kernkraftwerken verstärkt Fälle von Krebs oder Leukämie bei Kindern aufträten. Doch immer wieder fanden sich Vertreter der Wissenschaft, die diese Thesen stützten. Auch wenn sich – wie im Fall Krümmel – die Horror-Meldungen irgendwann unstreitig als falsch erwiesen: zunächst waren sie in der Diskussion und erhielten durch einige Wissenschaftler quasi einen Glaubwürdigkeits-Bonus. Und wer wollte und konnte schon bei einem solchen Szenario gegen das Interesse der Kinder und gegen die Wissenschaft argumentieren?

Ihren übermächtigen Einfluss auf die Agenda des öffentlichen Diskurses in Deutschland verdanken die Grünen in hohem Maße aber der Tatsache, dass sie von großen Teilen der Massenmedien von Anbeginn Unterstützung erhielten. Schon 2005 hatte der Kommunikationswissenschaftler Siegfried Weischenberg festgestellt, dass 36 Prozent der deutschen Journalisten den Grünen zuneigen (26 Prozent der Journalisten waren 2005 Anhänger der SPD, 9 Prozent Anhänger der Union, 10 Prozent Anhänger der FDP oder anderer kleiner Parteien. Der Rest neigte keiner Partei zu). Fünfmal mehr

Journalisten als Wahlberechtigte waren somit schon 2005 Sympathisanten der Grünen. Grüne Wertmuster und Themen erhalten durch viele Medien einen Verstärkereffekt, der weit über das eigentliche grüne Milieu in der Gesellschaft insgesamt hinausgeht.

Da der Anteil grüner Journalisten seit 2005 nicht geringer, sondern – entsprechend der generellen Zunahme Grün-Affiner unter den Wahlbürgern – eher größer geworden ist, dürfte dieser Verstärkereffekt 2012 noch ausgeprägter sein. Diese Dominanz grünen Gedankenguts unter deutschen Journalisten dürfte wesentlich dazu beitragen, dass grüne Themen und Werte in der öffentlichen Diskussion einen so hohen Stellenwert haben und dass zentrale grüne Ziele und Vorstellungen in Deutschland auch so oft von den anderen Parteien übernommen wurden. Bedingt durch die Berichterstattung der Massenmedien wird so nämlich auch bei den Politikern der Eindruck erweckt und verstärkt, es gäbe einen durchgängig „grünen" Zeitgeist in allen Schichten der Bevölkerung.

Hinzu kommt, dass viele Medien in Deutschland ein verzerrtes oder oft auch völlig falsches Bild von den Befindlichkeiten der Menschen verbreiten, das dann wiederum von den politischen Akteuren als adäquate Beschreibung der Meinungen und Einstellungen der Bürger gewertet wird.

Ein Beispiel für derartige verzerrte Darstellungen in den Medien ist das vom SPIEGEL nach dem Protest einiger Bürger in Stuttgart gegen den geplanten Umbau des dortigen Hauptbahnhofs gebildete Konstrukt des „Wutbürgers". Damit unterstellt der SPIEGEL, es gebe eine immer weiter wachsende Gruppe von „normalen" Bürgern, die gegen Planungen und beabsichtigte Maßnahmen jedweder Art protestieren. Doch das Konstrukt des „Wutbürgers" ist generell und auch im Hinblick auf die Umbaupläne des Stuttgarter Bahnhofs völlig abwegig. Wie schon erwähnt zeigte das Ergebnis der Volksabstimmung über das Projekt „Stuttgart 21", dass nur eine Minderheit der Baden-Württemberger und auch der Stuttgarter gegen den Umbau des Bahnhofs war. Die Mehrheit aller Baden-Württemberger aber auch der Stuttgarter Bürger befürwortet den Umbau und artikulierte ihren Unmut über die „Wutbürger", die mit ihren Demonstrationen die Mehrheit der Bürger jede Woche in ihrer Bewegungsfreiheit nachhaltig behinderten, bei der Volksabstimmung. Die Proteste gegen „Stuttgart 21" wurden – wie auch zuvor schon die gesamte „Anti-Atomkraft-Bewegung" oder Proteste gegen andere Großprojekte – im Wesentlichen nur von Anhängern der grünen Bewegung getragen – allenfalls ergänzt durch einige wenige „normale" Bürger mit spezifischen Partikularinteressen.

Unterstützt werden die Medien und die grüne Bewegung hin und wieder auch von einigen Vertretern aus der Zunft der Meinungsforscher, die aufgrund eher oberflächlicher demoskopischer Bespiegelungen Angaben über Meinungen und Einstellungen der Menschen verlautbaren, die ebenfalls nicht der Realität entsprechen. So wurde und wird immer wieder unter Berufung auf Umfragen verkündet, die Bürger in Deutschland seien bereit, für die Umsetzung der Energiewende auch höhere Kosten für Strom in Kauf zu nehmen. Doch das ist in Wirklichkeit nicht der Fall. Wenn Bürger in Umfragen angeben, für Maßnahmen, die der Verbesserung des Umwelt- oder Klimaschutzes dienen, mehr Geld ausgeben zu wollen, entpuppt sich das immer als Resultat einer Anpassung an ein Verhalten, das für sozial erwünscht gehalten wird, aber mit dem tatsächlichen Verhalten nicht übereinstimmt. Dennoch werden regelmäßig von Vertretern einiger Institute solche Meldungen in die Welt gesetzt, die mit dem tatsächlichen Verhalten zwar nichts zu tun haben, aber Politiker (wie den früheren Umweltminister Norbert Röttgen) zu Fehlschlüssen über die Opferbereitschaft der Deutschen in Sachen Umweltschutz verleiten.

Die Verbreitung grünen Gedankenguts und die Umsetzung grüner Ideen rühren zu einem großen Teil auch daher, dass viele Beamte – vor allem im höheren Dienst – grün-affin sind. Durch ihre administrativen Möglichkeiten verhelfen sie somit grünen Ideologien zur Realisierung – sei es in der Verkehrs-, Entsorgungs- oder in der Energiepolitik.

In ihrer Ausbreitung begünstigt wurde die grüne Bewegung auch dadurch, dass die evangelische Kirche ähnliche Themen wie die Grünen für wichtig erachtete. So wirkte manch evangelischer Kirchentag wie eine Veranstaltung der Grünen. Auch diese thematische Parallelität stärkte das gesellschaftliche Ansehen der Grünen.

Die Grünen selbst sorgten und sorgen für eine effiziente und wirkungsvolle Verbreitung ihrer Ideen. Da sie sich zudem wegen ihrer Herkunft aus dem bürgerlichen Milieu und wegen ihrer ökonomisch abgesicherten Tätigkeit – meist im Dunstkreis des öffentlichen Dienstes – um ihre materielle Existenz wenig Sorgen machen müssen, konnten und können sie sich dem aus ihrer Sicht „moralischen" Kampf zur Rettung der Umwelt, zur Eliminierung der Kernkraft oder zur Gleichstellung der Geschlechter mit voller Kraft zuwenden.

Um die eigene Machtbasis weiter auszubauen, bedient sich die grüne Bewegung intensiver Propaganda. Diese Propaganda dient nicht nur der möglichst intensiven Verbreitung der ideologischen Inhalte und Ziele der Grünen. Da helfen ja auch schon die vielen Grün-Affinen in den Medien mit. Die von den Grünen betriebene Propaganda dient in erster Linie dazu, die eigenen Ziele und Vorstellungen von Politik als Mehrheitsmeinung auszugeben oder zumindest in der öffentlichen Wahrnehmung so aussehen zu lassen. Politische Aktionen oder die

Durchführung von Demonstrationen jedweder Art wurden und werden bewusst so organisiert, inszeniert und dramatisiert, dass sie von den Medien (die ohnehin ja die grüne Propaganda eher wohlwollend begleiten) entsprechend aufgegriffen und breit thematisiert werden können. Das versuchen zwar auch andere politische Gruppierungen, aber die Grünen haben es darin zu einer Meisterschaft gebracht.

Zum Zweck der Propaganda werden alle Formen von Bürgerbegehren oder Volksabstimmungen eingesetzt. Bei den häufig geringen Quoren (bei einer der letzten Volksabstimmungen in der Stadt Köln wurde das Quorum auf ganze 10 Prozent der Stimmberechtigten festgesetzt!) sind Teilnehmer in ausreichender Zahl meist auch relativ leicht zu mobilisieren. Grüne Minderheiten können so der Mehrheit der nicht-grünen Bürger Vorhaben aufzwingen, die nicht deren Interessen entsprechen. In Hamburg haben zum Beispiel 20 Prozent der Wahlberechtigten mit Hilfe einer Volksabstimmung der großen Mehrheit der Hamburger ein nur mit großer Mühe zu verstehendes, wenig transparentes und extrem kompliziertes Wahlsystem aufgezwungen. („Um die Stimmzettel zu verstehen, braucht man ein abgeschlossenes Studium", meint ein angesehener Unternehmer in Hamburg.[52]) Bei der hohen Akzeptanz, die plebiszitäre Elemente bei Medien und politischen Akteuren haben, lässt sich so auch leicht der Eindruck erwecken, dass die grüne Bewegung deutlich mehr Zustimmung findet bzw. Anhänger hat, als es tatsächlich der Fall ist.

Wie schon frühere Bewegungen, die sich aus radikalisierten Teilen der deutschen Mittelschicht entwickelt haben, bedienen sich auch die Grünen bestimmter Symbole, deren Bedeutungen für Außenstehende nicht immer klar erkennbar und oft obskur sind. Doch solche Symbole dienen der jeweiligen Bewegung zur Schaffung und zum Erhalt einer emotionalen Identität – so etwa die in der Sonnenblume als Zeichen einer unbefleckten Umwelt enthaltene Kontur eines Gesichtes. Wie andere, frühere Bewegungen der „Mittelschicht-Radikalen" huldigen auch die Grünen einem Fahnenkult. Ihre Anti-Atomkraft-Fahne begleitet alle ihre Protestaktionen und war z.B. im Herbst 2010 nach der Laufzeitverlängerung der Kernkraftwerke in Gegenden mit hohem Grünen-Anteil (wie zum Beispiel in der Fehmarner Straße in Berlin-Wedding) so wie in früheren Zeiten in allen Wohnungsfenstern zu finden.

Der grünen Bewegung ist es bis heute gelungen, durch eine geschickte Mischung von rigiden moralischen Ansprüchen, radikalen und in der Vergangenheit oft auch gewaltsamen Aktionen sowie der entsprechenden medialen Unterstützung durch grün-affine Journalisten davon abzulenken, dass sie nur von einer Minorität der Wähler gewählt wird. Sie spielt in der öffentlichen und politischen Diskussion eine weit über ihre Verankerung in der Wählerschaft hinausgehende Rolle. Um dieses Ziel zu erreichen, schrecken die Grünen auch nicht davor zurück, die Straße für sich zu mobilisieren oder regelrecht Terror gegen missliebige Personen auszuüben. So zogen die Grünen über ein Jahr lang jeden Montag vor die Privatwohnung von Michael Fuchs, einem der stellvertretenden Vorsitzenden der CDU/CSU-Bundestagsfraktion, um dort lautstark Krawall zu machen, weil ihnen die Einstellung von Fuchs zur Energiepolitik nicht gefiel.

Letztendlich konnte die grüne Bewegung aber vor allem deshalb einen so großen, ihrer tatsächlichen Stärke nicht entsprechenden Einfluss in Politik und Gesellschaft erlangen, weil die etablierten demokratischen Parteien der grünen Bewegung kaum Widerstand entgegensetzten, sondern ihr immer mehr Raum gewährten – selbst wenn sie sich dadurch – wovon im nächsten Kapitel die Rede ist – selbst schwächten.

Dass die etablierten Parteien den Grünen keinen Widerstand entgegensetzten, zeigte sich bereits zu einem Zeitpunkt, als die grüne Bewegung sich erst formierte, durch Aktionen zwar auf sich aufmerksam machte, aber formal noch gar nicht als Partei gegründet war. Alle damals im Bundestag vertretenen Parteien – CDU/CSU, SPD und FDP – stellten das grüne Gedankengut schon 1978 nicht in Frage, sondern überboten sich darin zu zeigen, dass sie selbst den Umweltschutz längst entdeckt hätten.

Die SPD war die Partei, die sich am schnellsten den Grünen annäherte, eigene Positionen aufgab und grüne Vorstellungen übernahm. Und SPD-Funktionäre wie Erhard Eppler boten den Grünen schon zu einem Zeitpunkt eine Koalition an, als es die grüne Partei formal noch gar nicht gab.

Nachdem die SPD mit einem an den Bedürfnissen der Mehrheit der Menschen orientierten Politikkurs und -stil mit einem populären Kanzler Helmut Schmidt trotz aller beginnenden Verwerfungen der Partei auf lokaler und regionaler Ebene bei den Bundestagswahlen 1976 und 1980 ihre Position bei den Wählern halten konnte (siehe hierzu die Details in Kapitel 2), näherte sie sich nach dem Sturz von Helmut Schmidt und dem in Bonn im Oktober 1982 vollzogenen und im März 1983 durch die Wähler legitimierten Machtwechsel nicht nur auf kommunaler und Landes-, sondern auch auf Bundesebene den inhaltlichen Positionen der Grünen an.

Auf lokaler Ebene übernahm die SPD vor allem in der Verkehrs- und Stadtentwicklungspolitik Vorstellungen der Grünen. Die bis dahin von der SPD im Interesse ihrer Wähler befürwortete Schaffung von Chancen zur Mobilität wurde zugunsten von Behinderungen und Einschränkungen der Mobilität aufgegeben. Das Auto wurde als Verkehrsmittel zunehmend verteufelt; vorgeblich „verkehrsberuhigte" Zonen wurden in den Städten und Gemeinden eingerichtet – auch wenn es wenig Sinn machte oder kaum zu einer wirklichen Verkehrsberuhigung beitrug. Tempo-30-Zonen wurden eingerichtet – auch wenn sie eher zur Schikane der Autofahrer taugten denn zur Lösung vorhandener Verkehrsprobleme. Fahrradwegesysteme wurden um ihrer selbst willen, nicht aber wegen der Bedürfnisse der Menschen gebaut. Fassadenwettbewerbe und Wohnumfeldverschönerungen wurden forciert durchgeführt, der Wohnungsbau jedoch vernachlässigt, obwohl hier die Möglichkeit bestanden hätte, die Mietpreise wirksam zu regulieren. Kommunale Einrichtungen (wie das „Kommunale Kino") wurden den Bedürfnissen der oberen sozialen Schichten entsprechend geplant und realisiert; die Bedürfnisse der unteren sozialen Schichten wurden nicht mehr berücksichtigt. Dass die SPD mit einer so ausgerichteten Kommunalpolitik ihre eigenen Wähler zunehmend vergraulte (einstige SPD-Hochburgen wie Frankfurt am Main oder München gingen schon Ende der 1970er Jahre verloren und selbst Ruhrgebietsstädte wie Essen, Duisburg oder Gelsenkirchen folgten) und die Wählerklientel der Grünen damit erfreute, nahmen die Repräsentanten der SPD vor Ort nicht zur Kenntnis.

So wurde z.B. in Kauf genommen, dass durch aufwendige Sanierungs- und Verschönerungsmaßnahmen in Altbau-Vierteln die einstigen Bewohner mit nicht so hohen Einkommen verdrängt und durch neue, dem reicheren grünen Milieu zugehörige Bewohner ersetzt wurden. Dort – wie etwa in Teilen von Köln-Mitte –, wo die SPD einst von über 60 Prozent der dortigen Bewohner gewählt wurde, wurden durch diesen Verdrängungsprozess die Grünen mit Anteilen von über 40 Prozent zur dominierenden politischen Gruppierung.

Auf Bundesebene übernahm die SPD zunächst grüne Positionen in der Außen- und Verteidigungspolitik. Diese wurden bis in die lokale Politikebene umgesetzt, wo mit SPD-Mehrheiten z.B. „atomwaffenfreie Zonen" beschlossen wurden, die von der Mehrheit der Bürger aber allenfalls als bloße Symbolpolitik oder angesichts des tatsächlichen Ausmaßes der atomaren Bedrohung im „Kalten Krieg" sogar als grober Unfug gewertet wurden. In der Energiepolitik passte sich die SPD 1986 – nach Tschernobyl – den grünen Positionen an. Seither haben sich die Vorstellungen von Grünen und weiten Teilen der SPD in Fragen der Energiepolitik fast völlig angeglichen. So demonstrierte die grüne Parteispitze Arm in Arm mit dem SPD-Vorsitzenden Sigmar Gabriel gegen die ursprüngliche Kernenergiepolitik der schwarz-gelben Koalition. Das, was die Mehrheit der Menschen aber bei der Frage der Energieversorgung wirklich interessiert, nämlich ob es auch in Zukunft genügend und von Bürgern und Wirtschaft bezahlbare Energie gibt, geriet und gerät in den Hintergrund.

Die SPD ging bei der Übernahme grüner Positionen zwar voran, aber auch die Union war nicht davor gefeit, sich zunehmend einem vermuteten grünen Zeitgeist anzupassen. Vor allem der vormalige Umweltminister und gescheiterte CDU-Spitzenkandidat in Nordrhein-Westfalen, Norbert Röttgen, war einer der Vorreiter für eine „grüne" CDU.

Dass die Union und vor allem die SPD sich nicht klar von den Grünen abgegrenzt haben, sondern die Grünen schon in ihrer Anfangsphase als eine sinnvolle und z.T. notwendige Bürgerbewegung angesehen und in immer größerem Umfang auch deren inhaltliche Positionen übernommen haben, hat der Akzeptanz und Verbreitung der grünen Werte innerhalb der Gesamtgesellschaft enorm genutzt.

Die Grünen haben das im Übrigen selbst schon früh erkannt und sich zunutze gemacht. So freute sich einer der „Ur-Grünen", Hubert Kleinert, schon 1992 darüber. Er mahnte die

Grünen, in der realen Politik keinesfalls Zugeständnisse an die „alte" Politik zu machen, „zumal sich ja auch die Politik der anderen mittlerweile längst verändert hat: Die SPD von 1991 ist längst nicht mehr die SPD der Schmidt-Ära. Auch die anderen politischen Konkurrenten sind gezwungen gewesen, auf die veränderten Wertorientierungen in der Gesellschaft einzugehen. Der größte Erfolg der Grünen bestand ganz sicher darin, die anderen so schnell dazu g e n ö t i g t (!) zu haben, auf jene Veränderungen einzugehen, deren Bote die Grünen waren". Die Grünen haben „ganz sicher eine beachtliche reformerische Leistung vollbracht, die für das gesamte politische System folgenreich gewesen ist."[53]

Diese Feststellung Kleinerts erfolgte wie gesagt schon 1992, zu einem Zeitpunkt, als es nur rot-grüne Koalitionen in Niedersachsen und Hessen gab. Erst später folgten rot-grüne Bündnisse in Nordrhein-Westfalen (1995 bis 2005 und dann wieder ab 2010), Schleswig-Holstein oder Hamburg und auf Bundesebene (von 1998 bis 2005). Insofern trifft das, was Kleinert vor zwanzig Jahren schrieb, erst recht für die Jetztzeit zu: dass nämlich die Grünen das gesamte politische System mit Hilfe ihrer vielfältigen Helfershelfer „genötigt" haben, ihre Ziele und Vorstellungen zu übernehmen.

6. Die „grüne Diktatur" und ihre Auswirkungen auf das politische System

Der erste Versuch, die Demokratie in Deutschland nach dem Ende des Ersten Weltkriegs während der Weimarer Republik in Deutschland zu etablieren, scheiterte kläglich und mündete in der Katastrophe des Nationalsozialismus.

Gescheitert ist dieser Versuch aber nicht daran, dass sich eine Mehrheit des deutschen Volkes der nationalsozialistischen Bewegung angeschlossen hätte; denn die „braune" Bewegung war bis zur Weltwirtschaftskrise Ende der 1930er Jahre eine politisch unbedeutende Minorität. Selbst als die Nationalsozialisten im Verlauf der Weltwirtschaftskrise Zulauf von Wählern aus der Arbeiterschaft und dem Heer der Arbeitslosen erhielten und aus der Minderheitsbewegung eine Massenpartei wurde, war die Mehrheit der Menschen nicht vom Nationalsozialismus infiziert. Bei den letzten freien Wahlen in der Weimarer Republik haben im Juli 1932 über zwei Drittel (69 %) aller Wahlberechtigten im damaligen Deutschen Reich und im November 1932 sogar drei Viertel (74 %) ihre Stimme nicht der NSDAP gegeben. Ermöglicht wurde die „Machtergreifung" 1933 dadurch, dass sich die alte preußische Elite, die große Vorbehalte gegen das moderne demokratische System hegte, mit den Nationalsozialisten verbündete. Und gescheitert ist die Weimarer Republik auch daran, dass die demokratischen Parteien der „braunen" Bewegung in Verkennung der tatsächlichen Akzeptanz dieser Bewegung in der Bevölkerung keinen nennenswerten Widerstand entgegensetzten, sondern der NSDAP die politische und öffentliche Bühne überließen.

Der zweite, auf Druck der alliierten Siegermächte unternommene Versuch, die Demokratie in Deutschland zu etablieren, war dann nach dem Zusammenbruch des nationalsozialistischen Systems erfolgreicher. Zu den vier auf der Potsdamer Konferenz vom Juli 1945 proklamierten „D's" gehörte neben der Denazifizierung, der Demilitarisierung und der Dezentralisierung auch die Demokratisierung.

Die Idee der Demokratie, so wie sie auch im Grundgesetz unter tatkräftiger Mithilfe US-amerikanischer Wissenschaftler wie James K. Pollock festgeschrieben wurde, ist in den Köpfen der Menschen in Deutschland – zunächst im Westen, aber nach der Wiedervereinigung auch im Osten des Landes – fest verankert. Wie der amerikanische Sozialwissenschafter Samuel H. Barnes vor Jahren zutreffend formulierte, sind die Deutschen von Untertanen zu Staatsbürgern geworden. Das politische System der Nachkriegsgesellschaft erreichte im Gegensatz zur Weimarer Republik eine außerordentliche Stabilität.

Die beiden lange Zeit zu Recht als „Volksparteien" klassifizierten Parteien CDU/CSU und SPD, die bei der ersten Bundestagswahl 1949 zunächst nur von einer Minderheit von 46 Prozent aller Wahlberechtigten gewählt wurden, entfalteten im Zuge der Etablierung der Bundesrepublik in den ehemaligen Westzonen schnell eine große Bindekraft und wurden bis Anfang der 1980er Jahre von annähernd 80 Prozent aller Wahlberechtigten gewählt. Politische Gegenströmungen wie die Außerparlamentarische Opposition während der ersten großen Koalition von 1966 bis 1969 oder rechtsextreme Gruppen wurden weitgehend in das politische System integriert.

Acht Jahrzehnte nach dem Niedergang der Weimarer Republik und fast sechs Jahrzehnte nach dem Ende des Zweiten Weltkriegs sind aber Tendenzen und Entwicklungen, die die lange während Phase der Stabilität des politischen Systems in Deutschland gefährden könnten, nicht mehr zu übersehen.

So sank der Anteil der Wahlberechtigten, die der Union oder der SPD die Stimme gaben, seit 1987 bis zur Bundestagswahl 2005 auf 53 Prozent. Und bei der letzten Bundestagswahl 2009 wählte nur noch eine Minderheit von 40 Prozent SPD oder CDU/CSU – weniger als 1949, als das neue politische System noch nicht voll etabliert war.

Die nachfolgende Abbildung zeigt, wie die beiden Volksparteien in den ersten Jahren der Bundesrepublik bis Anfang der 1980er Jahre zunehmend Vertrauen gewannen, dieses Vertrauen aber seither wieder verspielten. 2009 wurde die Union nur noch von so vielen Wählern (23,6 Prozent aller Wahlberechtigten) gewählt wie 1949. Und die SPD wurde sogar von weniger Wählern (16,1 Prozent aller Wahlberechtigten) gewählt als 1949. Man muss lange zurückschauen – bis zur Reichstagswahl im Mai 1924 – bis man eine ähnlich niedrige Wählermobilisierung für die deutschen Sozialdemokraten findet.

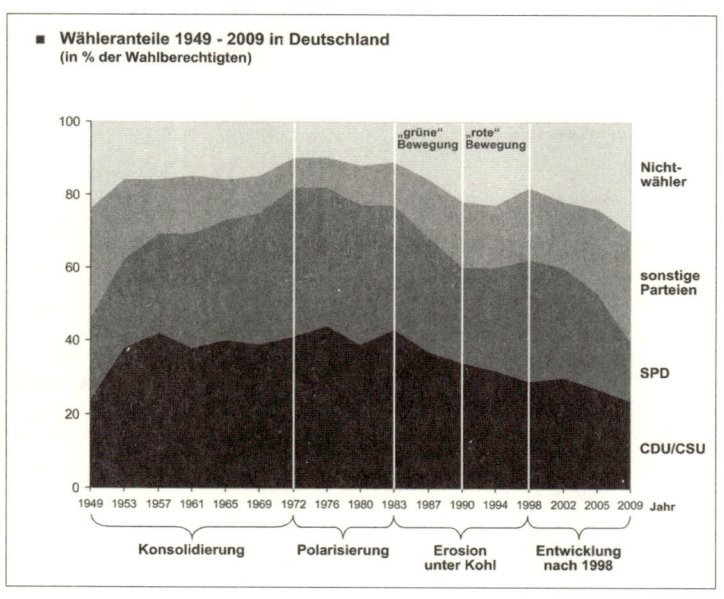

137

Obwohl dieser drastische Vertrauens- und Bedeutungsverlust der beiden „großen" Parteien bereits vor fast drei Jahrzehnten und noch vor der Wiedervereinigung in der alten Bundesrepublik begann, wird er von Union und SPD bis heute gleichermaßen eher verdrängt denn zur Kenntnis genommen und auf seine Gründe hin untersucht.

So wird in der CDU 2012 hinsichtlich der nicht mehr so guten Wahlergebnisse wie früher nur darüber diskutiert, ob die CDU sich mehr nach rechts orientieren und den konservativen Flügel mit den traditionellen Werten stärken sollte oder aber ob sie sich stärker nach links bewegen müsste, um für Wähler des grünen Milieus wählbar zu werden. Vergessen wird dabei, dass die Vertrauensverluste der Union nicht erst in den letzten Jahren eingetreten sind. Geschwächt wurde die Union insgesamt vor allem während der 16 Jahre, in denen Helmut Kohl Kanzler war. In diesen 16 Jahren ging die Wählersubstanz der Union um ein Drittel von 43 Prozent bei der Bundestagswahl 1983 auf 28 Prozent bei der Bundestagswahl 1998 zurück.

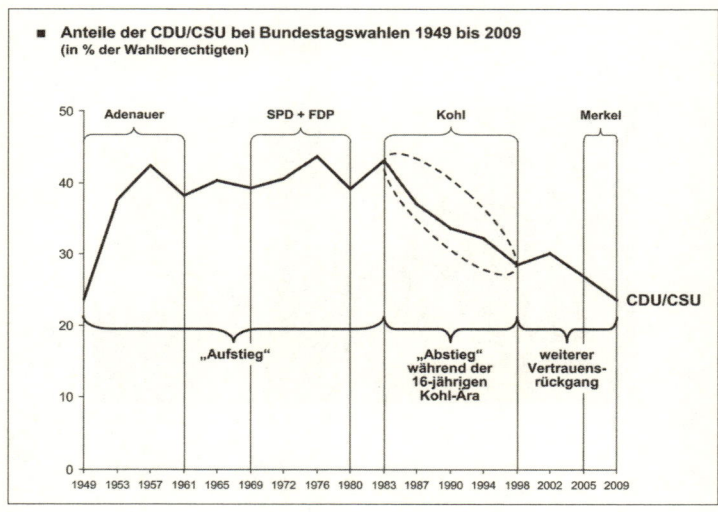

Doch obwohl die Wählersubstanz der Union unter Kohl so stark reduziert wurde, wird er in seiner Partei immer noch hoch verehrt und als begnadeter Wahlkämpfer gepriesen.

Der zwischen 1983 und 1998 eingetretene Vertrauenseinbruch zeigt im Übrigen auch, wie wenig der vom konservativen Flügel der Union (lautstark unterstützt von Historikern wie Arnulf Baring) gegen Angela Merkel erhobene Vorwurf greift, ihr „Mitte-Kurs" habe CDU-Wähler am rechten Rand vergrault.

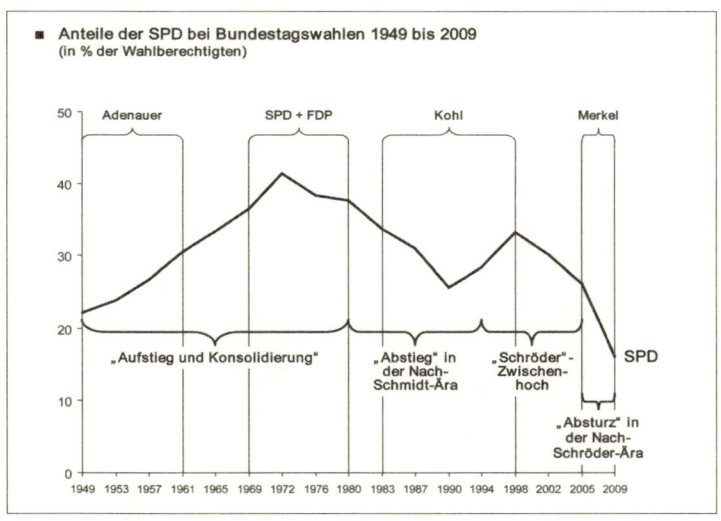

■ Anteile der SPD bei Bundestagswahlen 1949 bis 2009 (in % der Wahlberechtigten)

Die SPD wiederum macht für ihre drastischen Wählerverluste vor allem die Regierungszeit mit Gerhard Schröder und dessen Erneuerungs- und Modernisierungspolitik („Agenda 2010") verantwortlich. Sie vergisst dabei allerdings, dass das Vertrauen zur SPD auf lokaler Ebene bereits Ende der 1970er Jahre zu bröckeln begann und sich auf Bundesebene nach dem Sturz vom Helmut Schmidt in den 1980er und 1990er Jahren fortsetzte, obwohl die Union mit Kohl in dieser Zeit deutlich schwächelte. Die SPD übersieht zudem, dass dieser Vertrauensrückgang nur

139

kurz durch Gerhard Schröder unterbrochen wurde, der der SPD 1998 zum zweiten Mal seit 1972 dazu verhalf, stärkste Partei im Bundestag zu werden. Mit Schröder wurde die SPD 1998 von über 20 Millionen Wählern gewählt. Nach dem kurzen „Zwischenhoch" mit Schröder erhielt die SPD 2009 ohne Schröder noch nicht einmal mehr 10 Millionen Stimmen.

Beide Parteien – Union und SPD – verdrängen, dass sich bei vielen Bürgern inzwischen trotz nach wie vor vorhandener Akzeptanz der Staatsform der Demokratie großer Unmut über die Art und Weise breitgemacht hat, wie die Politik praktisch funktioniert bzw. wie manche politischen Akteure Politik betreiben. Während die große Mehrheit der Deutschen die Demokratie nach wie vor für gut befindet und kaum jemand ein anderes politisches System möchte, sind mehr als die Hälfte mit der Praxis der Politik nicht zufrieden.

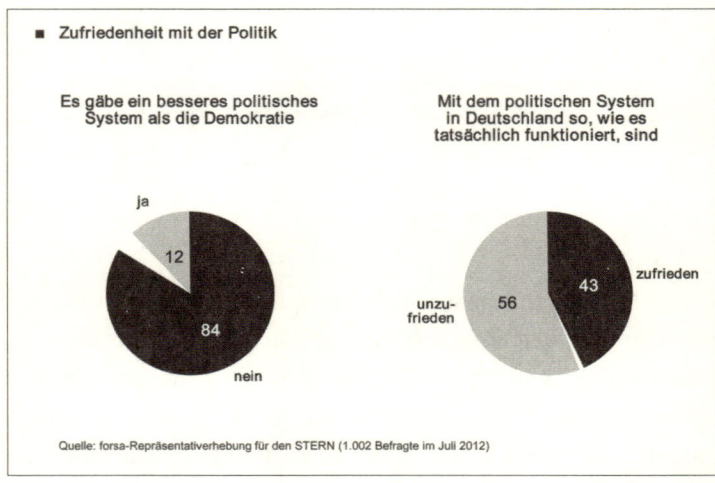

■ Zufriedenheit mit der Politik

Es gäbe ein besseres politisches System als die Demokratie

Mit dem politischen System in Deutschland so, wie es tatsächlich funktioniert, sind

ja

12

84

nein

unzu-
frieden   56   43   zufrieden

Quelle: forsa-Repräsentativerhebung für den STERN (1.002 Befragte im Juli 2012)

So ist derzeit auch das Bild der Bundestagsabgeordneten eher negativ. Nur ein Fünftel aller Bundesbürger glaubt, dass die Abgeordneten noch ein Ohr für die Sorgen und Nöte der Menschen haben; fast drei Viertel aber glauben dies nicht. Und nur noch 15 Prozent glauben, dass die Abgeordneten im Bundestag noch einen Überblick über die anstehenden Probleme haben. 81 Prozent jedoch haben den Eindruck, dass die deutschen Abgeordneten überfordert sind. Dieses negative Bild der Abgeordneten ist schon länger vorhanden und nicht etwa durch die Debatten und Entscheidungen im Umfeld der Euro-Krise entstanden.

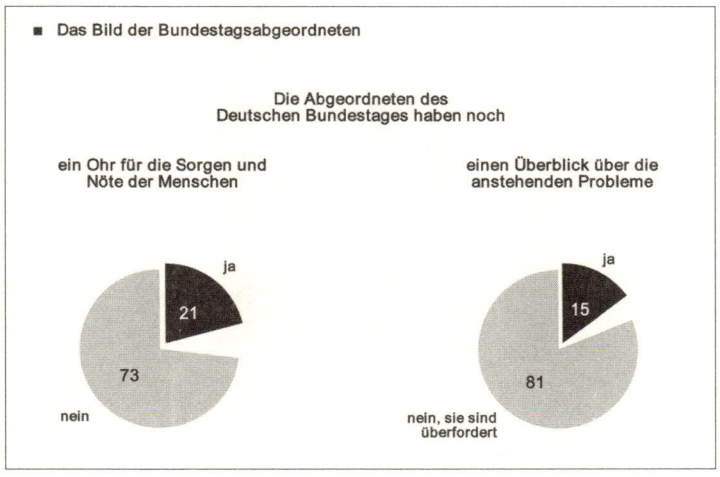

Die Unzufriedenheit mit den politischen Akteuren ist in den letzten Jahren stetig angestiegen. 1994 war nur ein Zehntel aller Bundesbürger mit der Arbeit der Politiker und Parteien nicht zufrieden. Dieser Anteil stieg im Laufe der Jahre und erreichte nach der abrupten Kehrtwende in der Energiepolitik einen vorläufigen Höhepunkt. Die direkt nach dem Reaktorunglück in Fukushima beschlossene Stilllegung der älteren deutschen Kernkraftwerke und die Abschaltung aller Kernkraftwerke bis zum Jahr 2022 sowie der Umstieg auf erneuerbare Energien hat das „Volk" nicht – wie von manchen Politikern 2011 erhofft – zufriedengestellt, sondern viele Menschen weiter erzürnt; denn diese abrupte Kehrtwende wurde als unnötig empfunden. Der Kurswechsel in der Energiepolitik wurde und wird zudem als wenig glaubwürdig und als eher hysterische denn als wohl durchdachte Entscheidung gewertet.

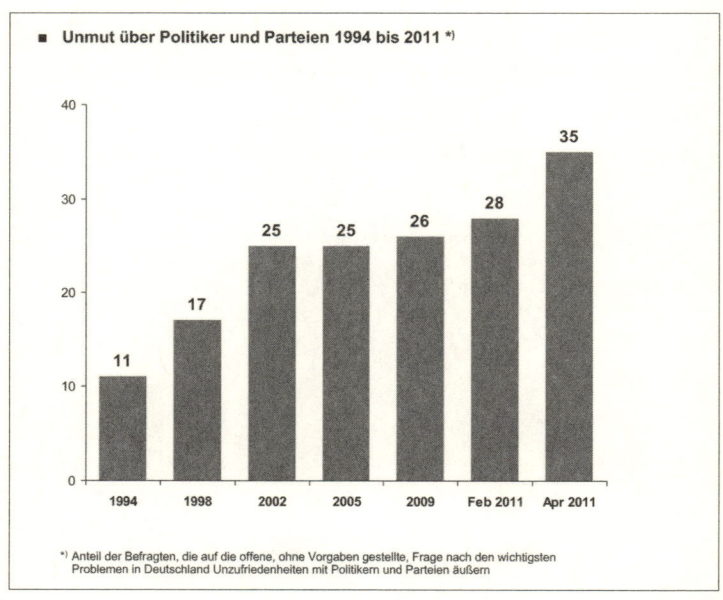

Bevor die – von Union und SPD weitgehend ignorierten – Gründe für diesen drastischen Vertrauens- und Bedeutungsverlust der bisherigen Volksparteien und der Anteil, den die grüne Bewegung an diesem Vertrauensschwund hat, erörtert werden, soll gezeigt werden, welch enormes und inzwischen die Stabilität des gesamten politischen Systems gefährdendes Ausmaß der Vertrauensrückgang auf allen Ebenen der Politik angenommen hat.

In den alten Bundesländern hatten bei der Bundestagswahl 1983 noch mehr als drei Viertel (76,8 %) der Wahlberechtigten CDU, CSU oder SPD gewählt. Ein Vierteljahrhundert später, bei der Bundestagswahl 2009, gaben nur noch etwas mehr als zwei Fünftel (42,1 %) Union oder SDP ihre Stimme. Das ist ein Rückgang um 34,7 Prozentpunkte. Die Wählersubstanz der beiden großen Parteien ist somit in den alten Bundesländern in zweieinhalb Jahrzehnten um fast die Hälfte geschrumpft.

Der Anteil der Grünen ist in dieser Zeit nur relativ gering von knapp 5 Prozent 1983 auf rund 8 Prozent im Jahr 2009 (bezogen auf alle Wahlberechtigten), also um ca. 3 Prozentpunkte angestiegen. Der Anteil der Nichtwähler aber (einschließlich der ungültigen Stimmen) ist im gleichen Zeitraum von rund 12 auf fast 29 Prozent angestiegen.

In den neuen Bundesländern ist der Anteil der beiden großen Parteien von 48,5 Prozent bei der ersten gesamtdeutschen Wahl 1990 auf 30,4 Prozent bei der letzten Bundestagswahl im September 2009 zurückgegangen – ein Schwund von 37 Prozent. Der Anteil der Grünen ist mit 4,5 bzw. 4,3 Prozent nahezu gleich geblieben.

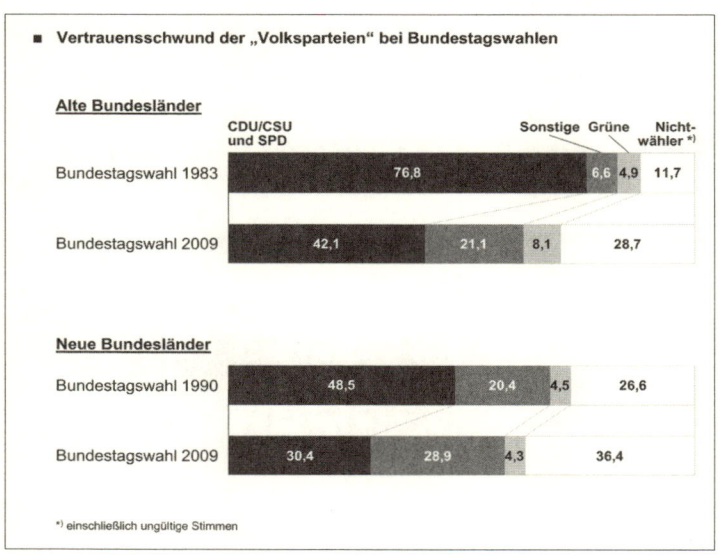

■ Vertrauensschwund der „Volksparteien" bei Bundestagswahlen

Alte Bundesländer

CDU/CSU und SPD | Sonstige | Grüne | Nichtwähler *)

Bundestagswahl 1983: 76,8 | 6,6 | 4,9 | 11,7

Bundestagswahl 2009: 42,1 | 21,1 | 8,1 | 28,7

Neue Bundesländer

Bundestagswahl 1990: 48,5 | 20,4 | 4,5 | 26,6

Bundestagswahl 2009: 30,4 | 28,9 | 4,3 | 36,4

*) einschließlich ungültige Stimmen

Der Anteil der Nichtwähler ist wie in den alten Ländern im Westen der Republik gestiegen – von knapp 27 Prozent auf über 36 Prozent. Doch nicht nur auf der Ebene der Bundespolitik ist der Vertrauensrückgang der beiden großen Parteien zu registrieren, sondern auch auf den anderen Politikebenen – in der Landes- und der Kommunalpolitik.

So konnten CDU/CSU und SPD bei den Landtagswahlen zwischen 1976 und 1980 noch über 70 Prozent der Wahlberechtigten an sich binden. (Im Zeitraum zwischen 1980 und 1983 fanden nur wenige Landtagswahlen statt, so dass diese Wahlen schlecht als Vergleich herangezogen werden können.) Bei den Wahlen zwischen 2005 und 2009 war es nur noch etwas mehr als die Hälfte davon (knapp 38 %). Die Grünen, die zwischen 1976 und 1980 nur bei einigen wenigen Landtagswahlen kandidierten und deshalb in der Summe dieser wenigen Wahlen nur auf einen Anteil von 1,3 Prozent kamen, wurden in der Summe der Landtagswahlen zwischen 2005 und 2009 von 6 von 100 Wahlberechtigten gewählt.

Enorm angestiegen ist der Anteil der Nichtwähler bei den Landtagswahlen: Von knapp 23 Prozent bei den Landtagswahlen zwischen 1976 und 1980 auf über 43 Prozent bei den Wahlen zwischen 2005 und 2009.

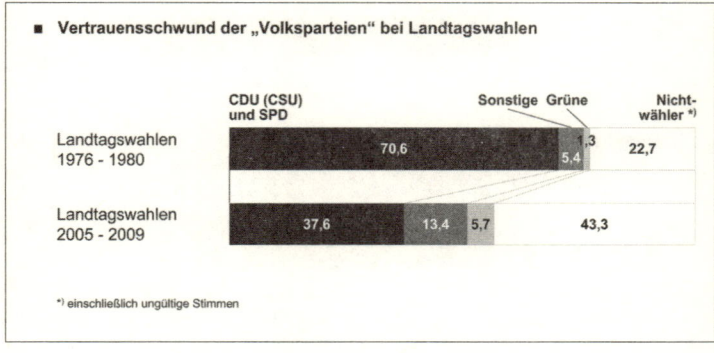

■ Vertrauensschwund der „Volksparteien" bei Landtagswahlen

*) einschließlich ungültige Stimmen

144

Auf lokaler Ebene ist der Vertrauensschwund von SPD und CDU noch größer als auf der Ebene der Bundes- und Landespolitik. Wegen der sehr unterschiedlichen Wahlsysteme auf kommunaler Ebene sind bundeseinheitliche Zusammenfassungen der Ergebnisse lokaler Wahlen kaum möglich. Doch zeigen die Beispiele des Landes Hessen und der Stadt Frankfurt am Main die generelle Entwicklung. Im gesamten Land Hessen sank der Anteil von CDU und SPD von 63 Prozent bei der Kommunalwahl 1981 auf 29 Prozent bei der letzten Kommunalwahl im März 2011. In drei Jahrzehnten verloren somit CDU und SPD über die Hälfte (54 %) ihrer einstmaligen Wähler. Im gleichen Zeitraum stieg der Anteil der Nichtwähler um mehr als das Doppelte. Gingen 1981 in Hessen bei der Kommunalwahl 25 Prozent der Wahlberechtigten nicht zur Wahl, beteiligten sich 2011 mehr als die Hälfte (55 %) nicht mehr an den lokalen Wahlen (ein Zuwachs von 118 Prozent!).

Die Grünen kamen 2011 – trotz der zeitlichen Nähe der hessischen Kommunalwahl zum Reaktorunglück in Fukushima und den dadurch ausgelösten Sonderbewegungen (die sich vor allem bei der Landtagswahl in Baden-Württemberg auswirkten) – nur auf 8 Prozent, bezogen auf alle hessischen Wahlberechtigten.

In Frankfurt am Main, einst eine Hochburg der SPD, sank der Anteil der beiden großen Parteien zwischen den Kommunalwahlen 1981 und 2009 von 62 auf 21 Prozent. In drei Jahrzehnten schrumpfte die Zahl der Wähler, die der CDU oder der SPD ihre Stimme gaben, um rund zwei Drittel! Der Anteil der Nichtwähler verdoppelte sich im gleichen Zeitraum in Frankfurt (von 30 auf rund 60 Prozent). Die Grünen wurden in Frankfurt im März 2011 von einem Zehntel aller Wahlberechtigten gewählt.

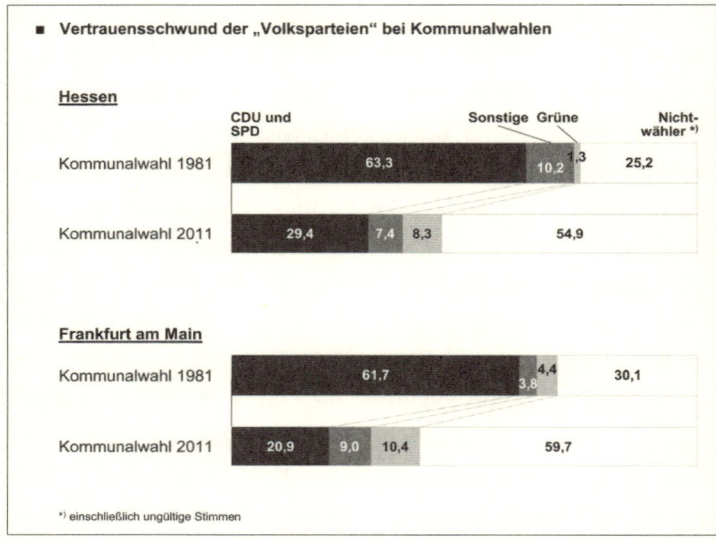

■ **Vertrauensschwund der „Volksparteien" bei Kommunalwahlen**

Hessen

	CDU und SPD		Sonstige	Grüne	Nicht-wähler *)
Kommunalwahl 1981	63,3		10,2	1,3	25,2
Kommunalwahl 2011	29,4	7,4	8,3		54,9

Frankfurt am Main

Kommunalwahl 1981	61,7		3,8	4,4	30,1
Kommunalwahl 2011	20,9	9,0	10,4		59,7

*) einschließlich ungültige Stimmen

Frankfurt ist keinesfalls ein Einzelfall: In den neun deutschen Großstädten, die kein Stadtstaat sind und die wie Frankfurt lange Zeit alle mehr als 500.000 Einwohner hatten [54], liegt der Anteil der Nichtwähler überall über 50 Prozent: Er schwankt zwischen 59,7 Prozent in Frankfurt am Main und 51,5 Prozent in Köln.

Der Anteil von CDU und SPD zusammen liegt in allen neun Städten unter einem Drittel. Er schwankt von 32,6 Prozent in Duisburg bis 19,6 Prozent in Stuttgart.

Der Anteil der Grünen schwankt – bezogen auf alle Wahlberechtigten – von 3,8 Prozent in Duisburg bis 12 Prozent in Stuttgart.

Die in geradezu dramatischer Weise nachlassende Fähigkeit der beiden großen Parteien, Wähler wie früher an sich zu binden, gefährdet die Stabilität, die während der Entwicklung der Bundesrepublik zu einem mehrheitlich akzeptierten System der Demokratie lange Zeit vorhanden war.

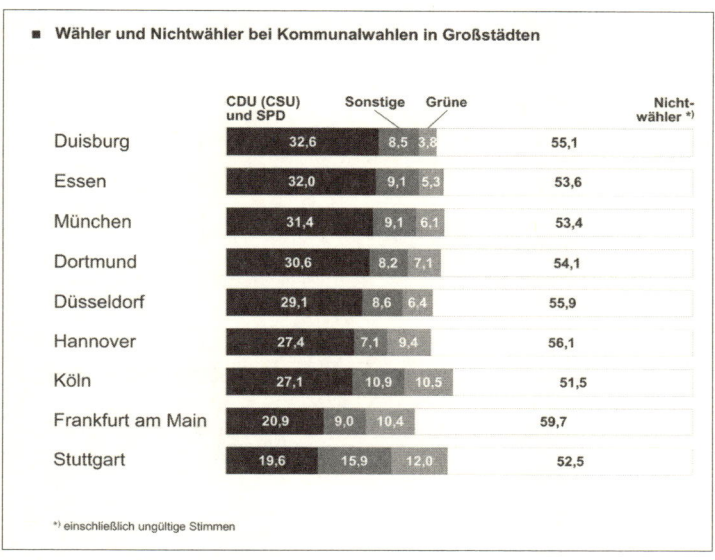

- **Wähler und Nichtwähler bei Kommunalwahlen in Großstädten**

	CDU (CSU) und SPD	Sonstige	Grüne	Nicht- wähler *)
Duisburg	32,6	8,5	3,8	55,1
Essen	32,0	9,1	5,3	53,6
München	31,4	9,1	6,1	53,4
Dortmund	30,6	8,2	7,1	54,1
Düsseldorf	29,1	8,6	6,4	55,9
Hannover	27,4	7,1	9,4	56,1
Köln	27,1	10,9	10,5	51,5
Frankfurt am Main	20,9	9,0	10,4	59,7
Stuttgart	19,6	15,9	12,0	52,5

*) einschließlich ungültige Stimmen

Der zunehmende Unmut vieler Bürger über den Zustand der Politik führt zu einem Vertrauensvakuum, das zumindest noch nicht durch extreme politische Gruppen am linken oder rechten Rand ausgefüllt wird. Noch reagieren die meisten der mit dem Politikstil vieler politischer Akteure Unzufriedenen damit, dass sie den beiden großen Parteien Union und SPD immer häufiger nicht mehr ihre Stimme geben, sondern bei Wahlen zu Hause bleiben.

Bei Bundestagswahlen sank die Wahlbeteiligung seit Anfang der 1980er Jahre um mehr als 18 Prozentpunkte. Bei Landtagswahlen ging die Wahlbeteiligung im gleichen Zeitraum um fast 21 Prozentpunkte zurück.

Bei Kommunalwahlen ging die Wahlbeteiligung in Schleswig-Holstein und Hessen zwischen den Wahlen Anfang der 1980er Jahre und der jeweils letzten Wahl auf lokaler Ebene um fast 30, in Berlin, in Bremen, im Saarland und in Niedersachsen um rund 25 und in Rheinland-Pfalz und Hamburg um

147

rund 20 Prozentpunkte zurück. In Nordrhein-Westfalen sank die Wahlbeteiligung um knapp 19 Prozentpunkte. Lediglich in Bayern und Baden-Württemberg sank die Wahlbeteiligung bei Kommunalwahlen in den letzten drei Jahrzehnten in unterdurchschnittlichem Maße um 15 bzw. 11 Prozentpunkte.

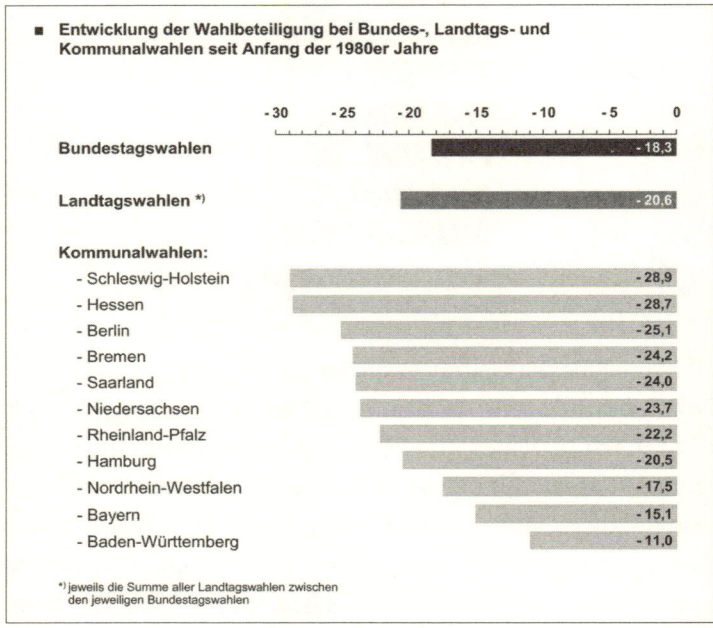

■ **Entwicklung der Wahlbeteiligung bei Bundes-, Landtags- und Kommunalwahlen seit Anfang der 1980er Jahre**

	-30	-25	-20	-15	-10	-5	0
Bundestagswahlen							- 18,3
Landtagswahlen *)							- 20,6

Kommunalwahlen:

- Schleswig-Holstein	- 28,9
- Hessen	- 28,7
- Berlin	- 25,1
- Bremen	- 24,2
- Saarland	- 24,0
- Niedersachsen	- 23,7
- Rheinland-Pfalz	- 22,2
- Hamburg	- 20,5
- Nordrhein-Westfalen	- 17,5
- Bayern	- 15,1
- Baden-Württemberg	- 11,0

*) jeweils die Summe aller Landtagswahlen zwischen den jeweiligen Bundestagswahlen

Die Wahlbeteiligung bei Kommunalwahlen ist im Übrigen nicht nur in den urbanen Metropolen, sondern auch flächendeckend in allen Bundesländern extrem niedrig. Nur in Bayern und im Saarland, wo es keine mit anderen Ländern vergleichbaren Eingemeindungen gab, liegt die Wahlbeteiligung im Landesdurchschnitt noch knapp unter der 60-Prozent-Marke. Leicht über der 50-Prozent-Marke liegt die Wahlbeteiligung bei kommunalen Wahlen in Rheinland-Pfalz sowie in Thüringen, Niedersachsen, Nordrhein-Westfalen und Baden-Württemberg. In den übrigen Bundesländern ist die Wahlbeteiligung auch im Landesdurchschnitt unter die 50-Prozent-Marke gerutscht.

■ **Wähler und Nichtwähler bei Kommunalwahlen in den Bundesländern**

	Wähler	Nichtwähler
Bayern	59,5	40,5
Saarland	57,3	42,7
Rheinland-Pfalz	55,1	44,9
Thüringen	53,2	46,8
Niedersachsen	52,5	47,5
Nordrhein-Westfalen	52,4	47,6
Baden-Württemberg	51,5	48,5
Brandenburg	49,4	50,6
Schleswig-Holstein	49,4	50,6
Hessen	47,7	52,3
Sachsen	47,7	52,3
Mecklenburg-Vorpommern	46,6	53,4

Bei Landtagswahlen ging die Wahlbeteiligung seit Anfang der 1980er Jahre in Hessen, im Saarland und in Schleswig-Holstein um 23 bis 25 Prozentpunkte zurück. Um mehr als 20 Prozentpunkte ging die Wahlbeteiligung bei Landtagswahlen auch in den Ländern Niedersachsen, Nordrhein-Westfalen und Bayern zurück. Lediglich in Rheinland-Pfalz und in Baden-Württemberg ging die Wahlbeteiligung bei Landtagswahlen weniger stark um 15 bzw. 6 Prozentpunkte zurück.

Nun meinen manche Politikwissenschaftler, die rückläufige Wahlbeteiligung in Deutschland sei kein Krisensymptom, sondern eher ein Hinweis darauf, dass man mit der Politik so zufrieden ist, dass man es nicht mehr für notwendig erachtet, zur Wahl zu gehen. 1992 meinte z.B. Dieter Roth, lange Jahre im Vorstand der Forschungsgruppe Wahlen, eine „sinkende Wahlbeteiligung" sei „eher ein Zeichen der Normalisierung in einer funktionierenden Demokratie als ein Symptom für die Krise unseres Systems"[55]. Die Anhänger dieser „Normalisierungshypothese" weisen zudem darauf hin, dass die Wahlbeteiligung in anderen Ländern – vor allem auch in stabilen Demokratien wie der Schweiz oder den USA – deutlich niedriger sei als in Deutschland.

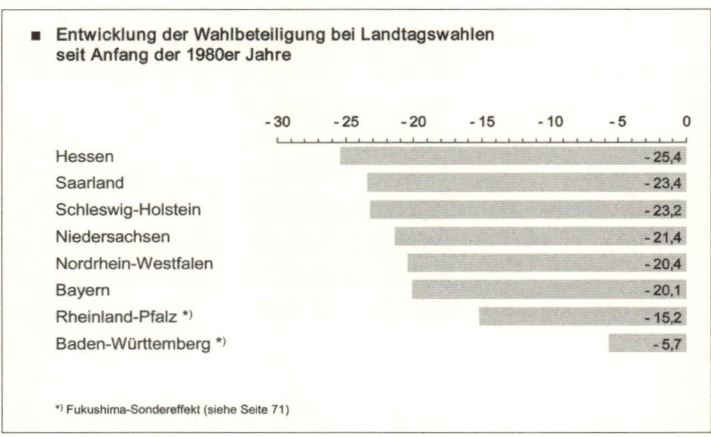

■ Entwicklung der Wahlbeteiligung bei Landtagswahlen seit Anfang der 1980er Jahre

Hessen	- 25,4
Saarland	- 23,4
Schleswig-Holstein	- 23,2
Niedersachsen	- 21,4
Nordrhein-Westfalen	- 20,4
Bayern	- 20,1
Rheinland-Pfalz *)	- 15,2
Baden-Württemberg *)	- 5,7

*) Fukushima-Sondereffekt (siehe Seite 71)

Dieser Hinweis ist zwar richtig. Doch kommt es bei der Frage, ob eine niedrige Wahlbeteiligung ein Indikator für krisenhafte Entwicklungen ist, nicht auf das absolute Niveau der Beteiligung an, sondern auf die Veränderung dieses Niveaus. Abgesehen davon, dass die politische Kultur in der Schweiz und in den USA anders als in Deutschland ist, hat sich die Wahlbeteiligung in beiden Ländern in den letzten drei Jahrzehnten kaum verändert. In der Schweiz blieb die Wahlbeteiligung seit Anfang der 1980er Jahre nahezu konstant (hier ist ein Rückgang von ganzen 0,4 Prozentpunkten zu verzeichnen). Und in den Vereinigten Staaten ging die Wahlbeteiligung nur um 2,5 Prozentpunkte zurück.

Ein stärkerer Rückgang der Wahlbeteiligung seit Anfang der 1980er Jahre als in Deutschland ist lediglich in Portugal zu verzeichnen, wo die Wahlbeteiligung in den letzten 30 Jahren um 19,7 Prozentpunkte zurückging. In allen anderen vergleichbaren Ländern aber sank die Wahlbeteiligung seit Anfang der 1980er Jahre nicht so stark wie in Deutschland. In Frankreich z.B. ging die Wahlbeteiligung zwischen 1981 und 2012 um 13,6 Prozentpunkte zurück, in Österreich im gleichen Zeitraum um 10,9 Prozentpunkte, in Italien um 8,5 Prozentpunkte, in Großbritannien um 7 Prozentpunkte, in den Niederlanden um 5,6 Prozentpunkte. In Schweden sank die Wahlbeteiligung um 5,3, in Norwegen um 5,6 und in Dänemark um 0,7 Prozentpunkte. In Dänemark lag die Wahlbeteiligung bei der letzten nationalen Wahl im September 2011 bei 87,7 Prozent, deutlich über der in Deutschland 2009 vorhandenen Beteiligung.

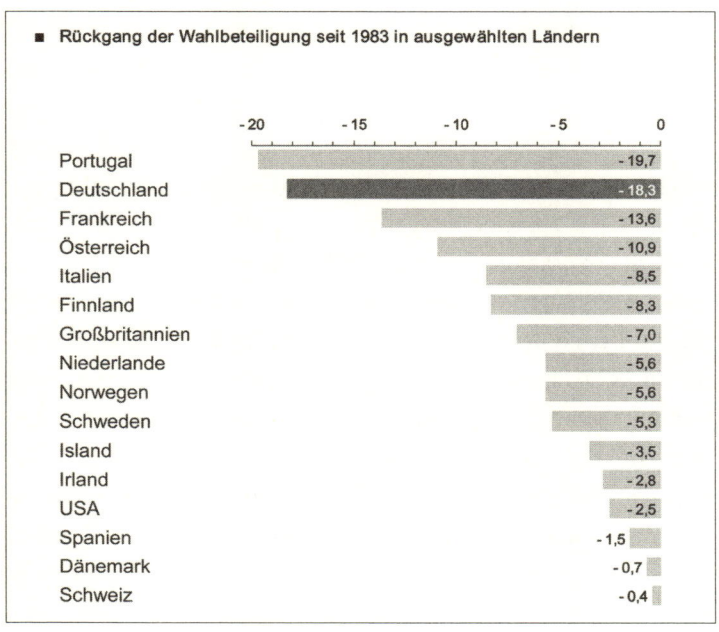

■ Rückgang der Wahlbeteiligung seit 1983 in ausgewählten Ländern

	-20 -15 -10 -5 0
Portugal	-19,7
Deutschland	-18,3
Frankreich	-13,6
Österreich	-10,9
Italien	-8,5
Finnland	-8,3
Großbritannien	-7,0
Niederlande	-5,6
Norwegen	-5,6
Schweden	-5,3
Island	-3,5
Irland	-2,8
USA	-2,5
Spanien	-1,5
Dänemark	-0,7
Schweiz	-0,4

Sieht man also einmal von Portugal ab, ist der deutliche Rückgang der Wahlbeteiligung ein deutsches und kein allgemeines, auch international zu beobachtendes Phänomen. Und die deutliche Zunahme der Unzufriedenheit mit der von den politischen Akteuren betriebenen Politik weist darauf hin, dass die hohe Wahlenthaltung in Deutschland keinesfalls ein Zeichen hoher Zufriedenheit mit dem Zustand der Politik, sondern vielmehr doch – anders als manche Politikwissenschaftler meinen – ein Krisensymptom ist.

Eine im internationalen Vergleich extrem angestiegene Wahlenthaltung und ein im Vergleich zu anderen Ländern überdurchschnittlich hoher Anteil grüner Wähler: Haben beide typisch deutschen Phänomene miteinander zu tun? Hängt die hohe Wahlenthaltung mit dem großen Einfluss der grünen Bewegung in der deutschen Politik und Gesellschaft zusammen?

In der Tat ist es kein Zufall, dass der Vertrauens- und Bedeutungsverlust der beiden Volksparteien CDU/CSU und SPD zu dem Zeitpunkt beginnt, als die grüne Bewegung zum ersten Mal bundesweit Erfolge erzielte und in den Bundestag einzog.

Von Anfang an wurde die Bedeutung der grünen Bewegung von Medien und Teilen der Öffentlichkeit, aber vor allem von den anderen Parteien viel höher eingeschätzt als es ihrer tatsächlichen Verankerung in der Wählerschaft entsprach. Seit den ersten Aktivitäten der grünen Bewegung in Deutschland haben die etablierten demokratischen Parteien ihr keinen oder nur geringen Widerstand entgegengesetzt, sondern ihr immer mehr Raum gewährt und vor allem eine wachsende Bereitschaft gezeigt, Inhalte und einzelne Politikansätze der Grünen zu übernehmen und auch Koalitionen mit den Grünen einzugehen – und zwar auch dann, wenn sie sich dadurch selbst schwächten.

Dies gilt in erster Linie für die SPD, die schon 1985 in Hessen die erste rot-grüne Koalition einging. Weitere rot-grüne

Koalitionen folgten in anderen Bundesländern und schließlich 1998 auch auf Bundesebene. Und 2012 träumen viele in den SPD-Führungskadern wieder von einem „rot-grünen Projekt" und hoffen damit 2013 bei der nächsten Bundestagswahl Erfolg zu haben. Auch in der Union wird seit längerer Zeit darüber diskutiert, ob man sich nicht stärker als bisher grünen Ideen und Werten öffnen müsse, um die „modernen", urbanen Schichten der Bevölkerung als Wähler zu gewinnen. Norbert Röttgen, der gescheiterte Spitzenkandidat der CDU in Nordrhein-Westfalen, war der eifrigste Protagonist einer Öffnung der Union hin zu den Grünen. In Hamburg und im Saarland schloss auch die CDU Bündnisse mit den Grünen, um an der Regierung zu bleiben. Und für die Zeit nach der Bundestagswahl 2013 schließt so mancher in der Union ein Bündnis mit den Grünen auf Bundesebene nicht aus. Die Folgen, die Bündnisse mit den Grünen für den jeweiligen größeren Koalitionspartner gehabt haben, werden dabei allerdings vergessen oder verdrängt.

So verloren die hessischen Sozialdemokraten bereits nach der ersten rot-grünen Koalition in Hessen zwischen 1985 und 1987 über 16 Prozent ihrer Wählersubstanz. 1983 wurden die hessischen Sozialdemokraten noch von 38,3 Prozent aller Wahlberechtigten im einstigen sozialdemokratischen Musterland gewählt, 1987 sank der SPD-Anteil auf 32,0 Prozent (bezogen auf alle Wahlberechtigten). Dies war kein genereller Trend, der auch in anderen Bundesländern zu verzeichnen gewesen wäre; einen Rückgang der SPD in dieser Form gab es damals nur im Land Hessen nach Bildung der rot-grünen Koalition. In allen anderen Bundesländern, in denen Mitte der 1980er Jahre Landtagswahlen stattfanden und in denen die SPD keine Koalition mit den Grünen eingegangen war, blieb der SPD-Anteil konstant.

Auch nachdem die SPD in Hessen zum zweiten Mal ein Bündnis mit den Grünen einging (von 1991 bis 1999) schrumpfte die Wählerbasis der hessischen Sozialdemokraten weiter. Und auch nach den anderen rot-grünen Koalitionen auf Landesebene mussten die Sozialdemokraten deutliche Verluste hinnehmen. Im alten West-Berlin betrug der Schwund zwischen 1989 und 1990 nach dem ersten rot-grünen Senat unter Walter Momper 16 Prozent. Die SPD, die 1989 zum ersten Mal seit 1981 wieder den Regierenden Bürgermeister stellen konnte, verlor nach 1990 ihre Stellung als stärkste politische Partei wieder. Erst 2001, nach der Bankenkrise in Berlin, die der damaligen CDU unter Eberhard Diepgen angelastet wurde, wurde die SPD wieder stärkste Partei in der deutschen Hauptstadt.

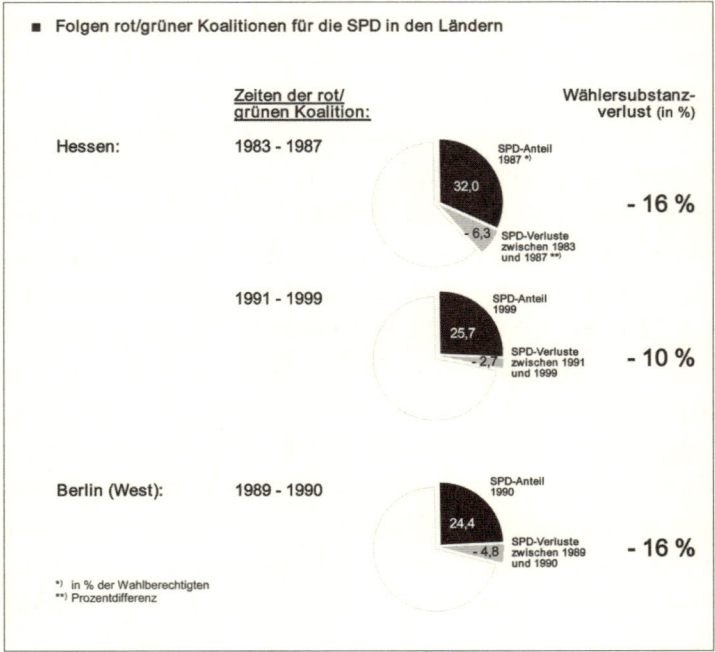

■ Folgen rot/grüner Koalitionen für die SPD in den Ländern

Zeiten der rot/grünen Koalition:

Wählersubstanzverlust (in %)

Hessen: 1983 - 1987

SPD-Anteil 1987 *)
32,0
- 6,3 SPD-Verluste zwischen 1983 und 1987 **)

- 16 %

1991 - 1999

SPD-Anteil 1999
25,7
- 2,7 SPD-Verluste zwischen 1991 und 1999

- 10 %

Berlin (West): 1989 - 1990

SPD-Anteil 1990
24,4
- 4,8 SPD-Verluste zwischen 1989 und 1990

- 16 %

*) in % der Wahlberechtigten
**) Prozentdifferenz

In Nordrhein-Westfalen, wo die SPD zwischen 1995 und 2005 mit den Grünen koalierte, büßte die SPD 2005 über ein Fünftel (21 %) ihrer Wählersubstanz von 1995 ein. Im gleichen Zeitraum schrumpfte auch in Schleswig-Holstein die Wählersubstanz der dortigen SPD um ein Zehntel, nach Bildung einer rot-grünen Landesregierung.

Lediglich in Niedersachsen nahm die SPD nach einer Koalition mit den Grünen zwischen 1990 und 1994 keinen Schaden. Sie konnte 1994 ihren Anteil von 1990 weitgehend halten und hatte kaum Einbußen zu verzeichnen. Dass der SPD-Anteil in Niedersachsen auch nach einer Koalition mit den Grünen ähnlich hoch wie zuvor blieb, verdankte sie Gerhard Schröder, der – anders als die SPD in anderen Ländern – den Grünen keine sonderlichen inhaltlichen Zugeständnisse machte und den Kurs der niedersächsischen SPD nicht der Politik der Grünen annäherte, sondern einen konsequenten sozialdemokratischen Kurs vor allem in der Wirtschaftspolitik steuerte. Das Bild vom Koch und Kellner beschreibt in der Tat das Verhältnis der Schröderschen Niedersachsen-SPD zu den Trittin-Grünen in Niedersachsen zur damaligen Zeit.

In Niedersachsen konnte Gerhard Schröder zwischen 1990 und 1994 einen klaren SPD-Kurs beibehalten und damit die Bindekraft der SPD bei ihren alten Wählern erhalten. Schröder machte nicht den Fehler, den die SPD bei den rot-grünen Koalitionen in anderen Bundesländern machte, nämlich den Grünen zu sehr in Inhalten der Politik entgegenzukommen bzw. nachzugeben. In den anderen Ländern hingegen räumte die SPD den Grünen einen höheren Einfluss ein mit der Folge, dass sich auch die Berichterstattung der Medien in den Ländern mehr mit grünen Positionen und grünen Repräsentanten beschäftigte als mit der SPD und ihren Führungsfiguren.

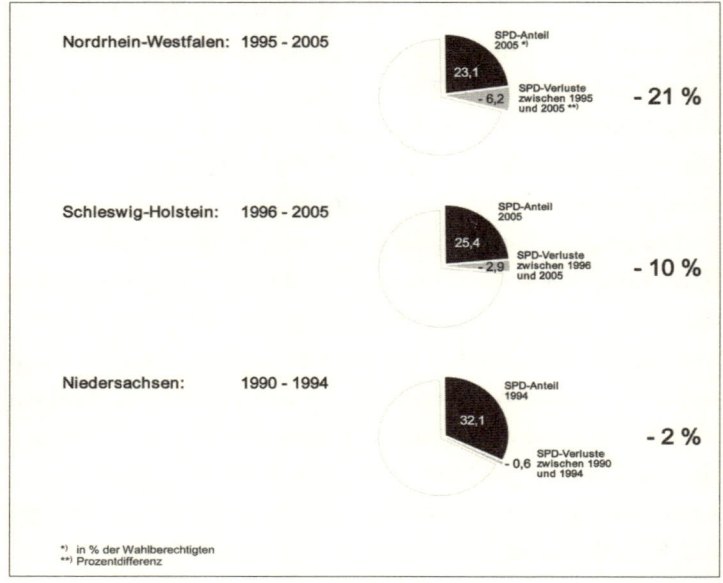

Nordrhein-Westfalen: 1995 - 2005

SPD-Anteil
2005 *)

23,1

- 6,2   SPD-Verluste
        zwischen 1995
        und 2005 **)

- 21 %

Schleswig-Holstein: 1996 - 2005

SPD-Anteil
2005

25,4

- 2,9   SPD-Verluste
        zwischen 1996
        und 2005

- 10 %

Niedersachsen: 1990 - 1994

SPD-Anteil
1994

32,1

- 0,6   SPD-Verluste
        zwischen 1990
        und 1994

- 2 %

*) in % der Wahlberechtigten
**) Prozentdifferenz

Nach Bildung der ersten rot-grünen Koalition in Hessen 1985 konzentrierte sich die Berichterstattung der hessischen Medien auf das Atom-Thema (Aufbereitungsanlage in Hanau) und den ersten grünen Umweltminister der Republik, Joschka Fischer. Über das, was Hessen unter Führung der SPD zum sozialdemokratischen Musterland gemacht hatte, und über den im Vergleich zu Fischer eher bieder wirkenden Ministerpräsidenten Holger Börner wurde hingegen kaum noch berichtet.

In Niedersachsen war das zwischen 1990 und 1994 anders: Berichtet wurde im Wesentlichen über Schröders wirtschaftspolitische Aktivitäten im Land und seine zum Teil spektakulären Rettungsaktionen einzelner Betriebe und Unternehmen. Bundesweit trug ihm das dann das Etikett „Genosse der Bosse" ein – eine Kennzeichnung, die ihn innerhalb der SPD eher diskreditierte, bei den Stammwählern der SPD jedoch Sympathien sicherte.

Auf Bundesebene hingegen konnte der Kanzler Schröder seine Linie gegenüber den Grünen nicht so durchhalten, wie es der Ministerpräsident Schröder in Niedersachsen vermocht hatte, zumal ihm in den eigenen Reihen heftiger Widerstand gegen seine Erneuerungs- und Modernisierungspolitik entgegenschlug. Auf Bundesebene büßte die SPD nach siebenjähriger Regierungszeit mit den Grünen über 21 Prozent ihrer Wählersubstanz ein. Wurde sie 1998 noch von 33,2 Prozent aller Wahlberechtigten gewählt, schrumpfte ihr Anteil nach sieben Jahren Rot-Grün auf 26,2 Prozent.

■ Folgen der rot/grünen Koalition auf Bundesebene für die SPD

1998 bis 2005

Wählersubstanz-
verlust (in %)

SPD-Anteil
2005 *)

26,2

- 21 %

- 7,0   SPD-Verluste
zwischen 1998
und 2005 **)

*) in % der Wahlberechtigten
**) Prozentdifferenz

Nicht nur die SPD wurde – mit Ausnahme von Niedersachsen – nach Koalitionen mit den Grünen geschwächt. Auch die CDU wurde nach der ersten schwarz-grünen Koalition in Hamburg arg gebeutelt. Nachdem die Hamburger CDU mit dem Ersten Bürgermeister Ole von Beust den Grünen zu viele Zugeständnisse gemacht hatte, verlor sie sogar über die Hälfte (55 %) ihrer Wählersubstanz.

Die Annäherung an die Grünen, die zunächst die SPD, aber in zunehmendem Maße auch die CDU vollzog (letztes eklatantes Beispiel ist die abrupte Kehrtwende in der Energiepolitik nach Fukushima im Frühjahr 2011), wurde von einem Teil der ehemaligen CDU- und SPD-Wähler nicht honoriert. Im Gegenteil: SPD und CDU verloren durch ihre Kooperation mit den Grünen und zu viele Zugeständnisse an die grüne Ideologie eine Reihe früherer Wähler.

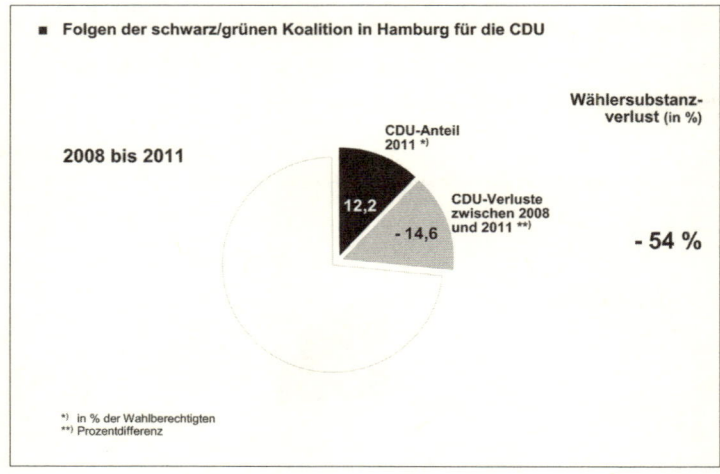

Die Veränderungsraten der Parteianteile und der Nichtwählerraten auf allen Ebenen der Bundes-, Landes- und Kommunalpolitik belegen, dass es – anders als von manchen politischen Akteuren in Union und SPD vermutet – keinen durchweg „grünen" Zeitgeist in breiten Schichten der deutschen Bevölkerung gibt. Wäre dies so, hätte die grüne Partei deutlich mehr Zulauf bei den Wählern haben müssen, als sie ihn tatsächlich seit ihren Anfängen gehabt hat.

Durch Kooperationen mit der grünen Bewegung geschwächt, können die beiden einstmaligen „Volksparteien" ihre potenziellen Anhänger in zunehmendem Maße nicht mehr an sich binden und bei Wahlen mobilisieren. Durch zu viele Zugeständnisse an die Grünen und deren recht homogene Wählerklientel (die oberen Bildungs- und zunehmend auch Einkommensschichten) vermissen immer mehr frühere Wähler von SPD und Union in der Politik die Berücksichtigung ihrer Interessen. Sie wenden sich von ihrer früher gewählten Partei ab und wandern mangels Alternativen ins Lager der Nichtwähler, das auf allen Ebenen der Politik immer größer wird. Größer wird durch die Abkehr von SPD und Union von früher vertretenen inhaltlichen Positionen und durch eine zu starke Hinwendung zum schmalen Segment der grünen Wählerklientel mit ganz spezifischen Interessenlagen und Bedürfnissen aber auch die Entfremdung zwischen der Mehrheit der Bürger und der Politik.

Während SPD und Union zunehmend an Bindekraft verlieren, können die Grünen ihre Klientel bei Wahlen auf allen Politikebenen zum Gang zur Wahlurne bewegen und so bei sinkender Wahlbeteiligung trotz absolut nur wenig höherer Wählerzahlen optisch immer bessere Wahlergebnisse verzeichnen.

Dass SPD und in zunehmendem Maße auch CDU und CSU glauben, einem vermeintlichen „grünen" Zeitgeist Tribut zollen zu müssen, weil sie die tatsächliche Macht- und Legitimationsbasis der grünen Bewegung falsch einschätzen, hat fatale Folgen für die Stabilität des gesamten politischen Systems.

Die immer größere Entfremdung zwischen Bürgern und Politik kann im Übrigen auch nicht dadurch aufgehalten werden, dass man glaubt, den von den Grünen seit jeher geforderten „partizipativen Grundzügen" der Politik nachzukommen und mehr Partizipations- und Mitwirkungsmöglichkeiten sowie mehr plebiszitäre Formen direkter Demokratie zu schaffen. Damit wird im Gegenteil die Kluft zwischen der in der deutschen Bildungsschicht angesiedelten grünen Elite und dem Rest der arbeitenden „Klasse" weiter vertieft.

Ein Beispiel hierfür ist, dass in Hamburg eine Minderheit von etwa einem Fünftel aller Wahlberechtigten der großen Mehrheit der Hamburger Bevölkerung per Volksentscheid ein absurdes, für die meisten Wahlbürger nur schwer verständliches und zu kompliziertes Wahlsystem aufgezwungen hat. Fatal war, dass die alten etablierten Parteien, die lange Jahre Garant der Stabilität des politischen Systems waren, sich nicht mit aller Kraft gegen einen solchen Unfug gestellt, sondern letztlich davor kapituliert hatten. Die Folge war, dass in Hamburg und Bremen (Bremen hatte das Hamburger Wahlsystem bei der Bürgerschaftswahl 2011 auch übernommen) die Wahlbeteiligung auf einen für beide Hansestädte neuen Tiefststand von 57 bzw. 55 Prozent sank. Und: Der Anteil der ungültigen Stimmen stieg erwartungsgemäß auch auf ein Rekordniveau. In Bremen z.B. war die Zahl der ungültigen Stimmen (4,2 %) doppelt so hoch wie die Zahl der FDP-Wähler!

Vorgeblich „bürgerfreundliche" Wahlsysteme, gegen die sich die „Alt-Parteien" nicht wehren bzw. die sie selbst unter Druck eines vermeintlichen Willens des Volkes forcierten, fördern aber auch in anderen Bundesländern die Tendenz zur Wahlenthaltung. So war z.B. in Hessen die Wahlbeteiligung bei Kommunalwahlen so lange auch im Vergleich zu anderen Bundesländern außerordentlich hoch, wie nach einem reinen Verhältniswahlrecht eine Partei gewählt werden konnte. Nach Einführung aller möglichen personalisierten Elemente (2006 wurde dann noch die Möglichkeit des Panaschierens und Kumulierens eingeführt) sank die Wahlbeteiligung schließlich flächendeckend im gesamten Land Hessen auf unter 50 Prozent. Wer sich einmal den Stimmzettel für die Frankfurter Stadtverordnetenversammlung angeschaut hat (hier hat jeder Wahlberechtigte 93 Stimmen!), kann ermessen, warum sich immer weniger hessische Wahlbürger an lokalen Wahlen beteiligen.

Die nachlassende Bindekraft der beiden früheren Volksparteien SPD und CDU/CSU und die kontinuierlich steigende Zahl der Nichtwähler ist die unmittelbare Folge davon, dass sich die Politik in immer stärkerem Maße überwiegend nur noch um die Interessen der Minderheit der grünen Wählerklientel kümmert, aber damit die Interessen der Mehrheit der Bürger vernachlässigt. Immer mehr Bürger, die sich durch die originäre grüne Bewegung, aber auch durch die zu grün gewordenen einstmals großen Parteien nicht mehr vertreten fühlen, nehmen gar nicht mehr an Wahlen teil.

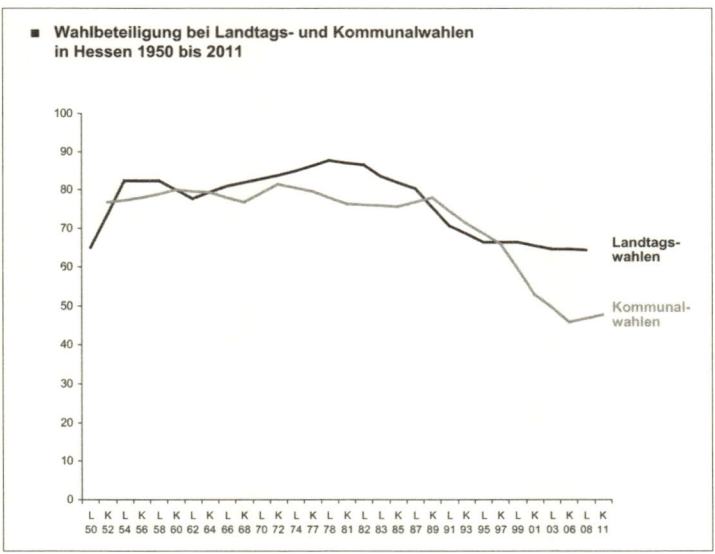

■ **Wahlbeteiligung bei Landtags- und Kommunalwahlen in Hessen 1950 bis 2011**

Diese zunehmende Wahlenthaltung ist nicht darauf zurückzuführen – wie es der Politologe Jürgen Falter noch 1992 vermutete –, dass die Bürger zunehmend weniger Interesse am politischen Geschehen hätten. Wäre dies so, hätte seit 1992, seitdem die Zahl der Nichtwähler weiterhin zunahm, das politische Interesse stark abnehmen müssen. Doch dem ist nicht

161

so: Bis heute interessieren sich die meisten Bürger für das, was in ihrer Gemeinde, in ihrem Land sowie in Deutschland und der Welt passiert. forsa fragt seit fast einem Vierteljahrhundert die Menschen täglich danach, was die wichtigsten Themen der Medienberichterstattung gewesen sind. Wären die Menschen tatsächlich desinteressiert, würden viele sagen müssen, sie könnten keine Angabe machen bzw. sie wüssten es nicht. Doch der Anteil derer, die auf die offen, ohne jede Vorgabe gestellte Frage nicht antworten können, ist seit gut 25 Jahren nur ganz gering (2 bis 3 %). Es kann deshalb unterstellt werden, dass das Interesse der Menschen am politischen Geschehen auf allen Ebenen der Politik nach wie vor recht groß ist. Als Erklärung für die wachsende Zahl der Nichtwähler taugt die Hypothese eines nachlassenden Interesses an Politik also nicht.

Die aufgrund einer zu großen Nähe zu Inhalten und Vorstellungen der grünen Bewegung immer größere Entfremdung zwischen Bürgern und Politik zeigt sich vor allem auf kommunaler Ebene, weil hier die Folgen einer grünen Anpassungspolitik für die Bürger schnell und unmittelbar sicht- und spürbar werden. Wenn die Mobilität durch eine grüne Verkehrspolitik eingeschränkt wird, Umweltzonen mit entsprechenden Folgen für die Bürger eingerichtet werden, eine verfehlte Stadtentwicklungspolitik keine Wohnungen mehr baut, sondern nur noch Fassadenwettbewerbe veranstaltet, wenn Merkwürdigkeiten wie Fahrradstraßen oder „Fahrradbeschleunigungsspuren" etc. eingerichtet werden, sind die Folgen für die Bürger unmittelbar erfahrbar.

Bei kommunalen Wahlen besteht deshalb bereits eine statistisch zwar nicht extrem hohe, aber signifikante Korrelation zwischen dem Anteil der Grünen und der Höhe des Nichtwähleranteils.

In Hessen z.B. zeigte sich bereits bei der Kommunalwahl 2006, dass in Gemeinden mit einem geringen Anteil der Grünen (ca. 3 Prozent) der Anteil der Nichtwähler mit im Durchschnitt 39 Prozent deutlich geringer war als in den Gemeinden mit hohem Grünen-Anteil (10 Prozent oder mehr), wo im Durchschnitt 60 Prozent der Wahlberechtigten nicht mehr zur Wahl gingen.

Auch in Nordrhein-Westfalen zeigte sich bei der Kommunalwahl 2009 ein ähnlicher Zusammenhang: In Gemeinden mit hohem Grünen-Anteil (über 12 %) gab es im Durchschnitt 52 Prozent Nichtwähler. In Gemeinden mit niedrigem Grünen-Anteil (weniger als 8 %) gab es hingegen auch deutlich weniger Nichtwähler (im Durchschnitt 35 %).

Hingewiesen sei auch noch einmal auf das Beispiel der Stadt Stuttgart, wo die Grünen bei der Kommunalwahl im Juni 2009 mit den Stimmen von nur 12 von 100 Wahlberechtigten stärkste politische Kraft im Gemeindeparlament wurden. Die große Mehrheit der Wahlberechtigten in Stuttgart (53 %) aber ging wegen der zu grün gewordenen Kommunalpolitik gar nicht mehr zur Wahl.

„Stuttgart 21" ist ein besonders bemerkenswertes Lehrstück. Hier gelang es einer grünen Minorität (in Verbindung mit Partikularinteressen einiger vom geplanten Umbau des Stuttgarter Hauptbahnhofs unmittelbar Betroffener) bundesweit den Eindruck zu erwecken, als ob die gesamte Bürgerschaft der baden-württembergischen Landeshauptstadt gegen die Modernisierung des Hauptbahnhofs sei. Der SPIEGEL glaubte daraus schließen zu können, dass es in der gesamten Republik einen Aufstand von „Wutbürgern" gegen Beschlüsse von durch Wahlen legitimierter Gremien gäbe. Doch die Volksabstimmung zum Projekt Stuttgart 21 offenbarte dann, wogegen sich die Wut der Mehrheit der Bürger tatsächlich richtete.

Die Mehrheit der Stuttgarter, die den Umbau des Bahnhofs für richtig hielten und halten, war wütend über die von den Medien hochgelobten Demonstranten, die dem Interesse der „normalen" Bürger aber eher zuwider handelten.

Der im internationalen Vergleich nahezu einmalig hohe Rückgang der Wahlbeteiligung in Deutschland auf allen Ebenen der Politik seit Anfang der 1980er Jahre, der einhergeht mit einem enormen Vertrauensrückgang der beiden großen Parteien CDU/CSU und SPD, ist auf die große Dominanz grüner Ideen in Politik und Gesellschaft und den mangelnden Widerstand von SPD, aber auch von CDU und CSU gegen eine immer weitere Ausbreitung einer grünen Ideologie zurückzuführen.

Je grüner die gesamte Politik wird und je einseitiger die Interessen der Anhänger der grünen Bewegung in der Politik berücksichtigt werden, desto mehr fühlt sich die große Masse der nicht grünen, „normal" arbeitenden Schichten der Gesellschaft vernachlässigt. Durch die immer stärker ausgeprägte Bereitschaft der anderen Parteien, Inhalte und Politikfelder der grünen Bewegung zu übernehmen und auch Bündnisse mit der grünen Partei einzugehen, vermissen immer mehr Bürger in der Politik die Berücksichtigung ihrer Interessen und ihrer Probleme, Ängste und Sorgen.

Die von einem radikalisierten Teil der deutschen Mittelschicht zunehmend dominierte Politik führt zu einer immer größeren Entfremdung zwischen der Mehrheit der Bürger und vielen politischen Akteuren, die sich nicht mehr den Interessen der großen Masse der Menschen, sondern denen der kleinen Minderheit der grünen Wählerklientel verpflichtet fühlen.

Dieser wachsende Unmut vieler Bürger führt noch nicht zu radikalem Wahlverhalten und zu einer Stärkung extremer Parteien (zumal das Vertrauensvakuum überwiegend in der politischen und gesellschaftlichen Mitte und nicht – wie von

SPD und CDU/CSU fälschlicherweise geglaubt – am linken und rechten Rand entstanden ist). Und der Unmut vieler Bürger führt auch noch nicht zu einer Abkehr von der Demokratie.

Wenn aber die „grüne Diktatur" in Politik und Gesellschaft von den Parteien, die den Demokratisierungsprozess nach dem Zusammenbruch des Nationalsozialismus wesentlich mitgestaltet und verantwortet haben, nicht zurückgedrängt wird, kann auch der zweite Versuch, die Demokratie in Deutschland dauerhaft zu etablieren, gefährdet sein.

7. Fazit und Ausblick

Die Grünen selbst, aber auch viele Beobachter des politischen Geschehens in Medien und Wissenschaft charakterisieren die Entstehung, Entwicklung und Arbeit der Grünen positiv bzw. wohlwollend als die einer sozialen Bewegung, die im Gegensatz zur stark von der Phase der Industrialisierung geprägten „alten" Politik eine „neue" Politik und neue Politikformen durchsetzen wollte. Insbesondere – so meinen die meisten der vorliegenden Beschreibungen der grünen Bewegung – ging es den Grünen um den nachhaltigen Schutz der Umwelt, die Durchsetzung von Rechten für die Frau und eine konsequente Friedenspolitik.

Doch eine genauere Analyse der Entstehungsgeschichte der Grünen zeigt, dass es ihnen nicht in erster Linie darum ging, bestimmte Probleme zu lösen. Die sich in Deutschland herauskristallisierende grüne Ideologie und Gedankenwelt hatte wenig zu tun mit den in den 1970er und 1980er Jahren herrschenden gesellschaftlichen Konfliktlinien oder Interessenkonstellationen, zumal sich die gesellschaftlichen Problemlagen – „Rüstungswahnsinn", „Unterdrückung der Frau" oder „Umweltverschmutzung"[56] – objektiv gesehen zu dem Zeitpunkt, als sich die Grünen zu einer politischen Partei formierten, im Vergleich zu den Jahrzehnten zuvor eher gebessert hatten.

Die vielen zunächst heterogenen Gruppierungen – von extrem linken K-Gruppen bis zu eher deutsch-nationalen Romantikern –, die letztlich zur grünen Bewegung verschmolzen, einte nicht ein Konzept zur Verbesserung gesellschaftlicher Problemlagen. Die gemeinsame Klammer dieser verschiedenen Gruppen war vielmehr die soziale Herkunft aus einem „radikalisierten" Teil des deutschen Bildungsbürgertums und deren vor- bzw. antimoderner Vorstellungswelt.

Klaus Gotto und Hans-Joachim Veen sind zwei der wenigen Beobachter, die dies bereits in der Anfangsphase der Grünen 1984 erkannten: Die grüne Bewegung scheint, so Gotto und Veen, „auf dem Nährboden schichtspezifisch gewandelter Werthaltungen gewachsen und mental und kulturell tiefer in den Traditionen deutschen Denkens und Empfindens verwurzelt zu sein, als vordergründig zunächst sichtbar wurde. Viel spricht dafür, dass die eigentümliche ‚deutsche Unruhe‘ (Wilhelm Hennis) in den Grünen zu einer neuen parteilichen Form gefunden hat". Die Grünen stellten – so Gotto und Veen – „offen die wesentlichen politischen Grundlagen der zweiten deutschen Republik von Grund auf in Frage. Dies gilt für den repräsentativen Charakter der parlamentarischen Demokratie und ihre rechtsstaatliche Ordnung ebenso wie für die Grundentscheidungen" der deutschen Politik. Und: „Zusätzlich werden die Funktionsbedingungen des modernen Industrie- und Wohlfahrtsstaates weithin abgelehnt". „Die Vorstellungen der Grünen sind häufig unkonkret, vordergründig und widersprüchlich, zum Teil aber auch erschreckend eindeutig. Sie laufen ... auf eine andere Republik hinaus"[57]. Selbst wenn die Grünen sich im Laufe ihrer Existenz gewandelt haben, trifft die Charakterisierung den Kern der grünen Bewegung noch heute.

Mit ihren im Vergleich zu anderen, eher unterprivilegierten Schichten der Bevölkerung überdurchschnittlich gut ausgeprägten Kommunikationsfähigkeiten und -techniken schaffte die grüne Bewegung schon in ihrer Entstehungsphase, aber auch in ihrer späteren Entwicklung immer Identifikationsmöglichkeiten für ihre ‚Aktivisten‘ und Anhänger nach innen. Gleichzeitig aber vermochte sie es, ihre Ziele und Aktivitäten nach außen immer so zu rechtfertigen, dass die Bedeutung der grünen Bewegung größer erschien, als sie – gemessen an ihrer

Verankerung in der Wählerschaft insgesamt – tatsächlich war und ist.

Die Grünen waren nie – wie etwa vom früheren Cicero-Chefredakteur Michael Naumann gemutmaßt – harmlose „Träumer". Sie haben ihre zentralen Ziele von Anfang an immer klar und – wie Gotto und Veen zu Recht feststellten – „eindeutig" formuliert und sie zielstrebig und oft auch recht rücksichtslos durchgesetzt.

Das zeigt sich auch darin, dass die Grünen zumindest in ihrer Gründungs- und Entwicklungsphase zwar den Staat, so wie er sich im Verlauf des Demokratisierungsprozesses im bundesrepublikanischen Nachkriegsdeutschland herausgebildet hatte, nicht akzeptierten, sondern verachteten, verhöhnten und bekämpften, aber gleichzeitig keine Skrupel hatten, alle vom Staat in welcher Form auch immer zur Verfügung gestellten Ressourcen für sich zu nutzen.

Dazu gehörte z.B. die nach der Europawahl 1979 gern kassierte hohe Wahlkampfkostenerstattung. Dies wurde von der vom damaligen Bundespräsidenten Karl Carstens eingesetzten Kommission zur Neuordnung der Parteienfinanzierung in ihrem 1983 vorgelegten Bericht auch entsprechend dargestellt und bewertet: „Die Partei entstand damals (1979/80) faktisch mit ihrem Erfolg bei den Wahlen zum Europäischen Parlament und konnte die Anfänge ihrer Organisation nahezu hundertprozentig auf Staatskosten finanzieren. (...) Die Entstehungsgeschichte der Partei ‚Die Grünen' stellt somit einen in der Bundesrepublik bisher einmaligen Fall staatlich subventionierter Parteigründung dar".[58]

Diese bei den Grünen von Anfang an vorhandene Ambivalenz und Doppelbödigkeit hat der österreichische Soziologe Leopold Rosenmayr schon sehr frühzeitig erkannt, als er formulierte: „Das Geheimnis der Grünen ist, daß sie ein Sprachsystem geschaffen haben, das es ihnen gestattet, Kritik an der Gesellschaft bruchlos zu kombinieren mit der Nutzung ihrer Privilegien."[59]

Neben der Gründung der Partei der Grünen auf Staatskosten gibt es bis heute zahlreiche andere Belege für diese Ambivalenz der Grünen und ihre Neigung, „Staatsknete" in jeder Form für sich zu nutzen.

1990 etwa wurde öffentlich sichtbar, in welch intensiver Weise die grüne Bundestagsfraktion alle Möglichkeiten stärker als andere Fraktionen nutzte, um Assistenten, Hilfskräfte etc. für die Fraktionsarbeit zu beschäftigen. Nachdem die westdeutschen Grünen bei der ersten gesamtdeutschen Wahl 1990 nicht mehr im Bundestag vertreten waren, mussten sie diese vielen Mitarbeiter der Fraktion bzw. der einzelnen Abgeordneten (ca. 250) entlassen.[60]

Als Ulla Schmidt im Jahr 2001 das Amt der Bundesgesundheitsministerin von ihrer grünen Vorgängerin Andrea Fischer übernahm, fand sie eine Vielzahl von mit grünen Agenturen und Beratungsfirmen abgeschlossenen Verträgen vor. Und Kommunalpolitiker können bis heute darüber berichten, wie Aufträge in Planungs- und Entwicklungsbereichen innerhalb grüner Netzwerke gezielt vergeben werden.

Die große Dominanz grüner Themen in Politik und Gesellschaft rührt – neben den eigenen Aktivitäten der Grünen – auch daher, dass sie in Wissenschaft und Medien extrem gut vernetzt sind und so große Unterstützung bei der Ausbreitung ihrer Ziele und Gedanken erhalten.

Allerdings wäre ein „grüner" Zeitgeist, so wie er heute in allen Lebensbereichen zu finden ist, nicht möglich gewesen, wenn die anderen, „alten" Parteien nicht in vorauseilendem Gehorsam Inhalte und Politikstile der Grünen übernommen hätten. Vor allem die deutschen Sozialdemokraten waren schon früh bereit, in den Grünen einen Partner für politische Bündnisse zu sehen. Seit 1985 bildeten sich denn auch entsprechend viele rot-grüne Koalitionen auf Landes- und schließlich auch auf Bundesebene, selbst dann, wenn es andere Koalitionsoptionen gab. Zwischen 2000 und 2005 hatte z.b. der damalige SPD-Ministerpräsident in Nordrhein-Westfalen, Peer Steinbrück, die an sich richtige Überlegung, statt einer rot-grünen Koalition eine Regierung mit der eher auf sozialliberalem Kurs befindlichen Möllemann-FDP zu bilden. Doch er konnte sich gegen die eher grün-affinen SPD-Funktionärskader nicht durchsetzen, so dass die SPD und er selbst 2005 abgewählt wurden. Hätte sich Steinbrück damals in der NRW-SPD durchgesetzt – er wäre mit hoher Wahrscheinlichkeit Ministerpräsident geblieben.

Diese Übernahme zahlreicher grüner Vorstellungen durch die anderen Parteien führt dazu, dass weite Teile der Bevölkerung ihre Interessen und Probleme nicht mehr in der Politik vertreten sehen. Diese Teile der Bevölkerung reagieren mit Wahlenthaltung in immer größerem Umfang und mit Entfremdung von der Politik. Die Tendenzen sind inzwischen so ausgeprägt, dass auch der zweite Versuch, die Demokratie in Deutschland dauerhaft zu etablieren, gefährdet werden könnte.

Die Grünen haben ihren dominanten Einfluss auf die öffentlich diskutierten Themen nicht dadurch erreicht, dass sie von einer großen Masse der Wahlbürger gewählt werden. Trotz eines Höhenflugs in den Umfragen nach der abrupten Kehrtwende in der Energiepolitik, als sie auf Anteile von über 25 Prozent bei den „Wahlwilligen", also jenen, die sich an einer Bundestagswahl beteiligen wollen, kamen, waren sie nie eine Volkspartei in dem Sinne, dass sie unterschiedliche Wählergruppen mit unterschiedlichen Werten und Interessen binden konnten. Die Grünen waren und sind eine Partei für die

Minorität der oberen Bildungs- und zunehmend auch der oberen Einkommensschichten.

Dass die Grünen eine Klientelpartei nur für bestimmte Schichten der Gesellschaft sind, macht das Aufkommen der Piraten deutlich. Die derzeitigen Sympathisanten der Piraten – ob sie auch dauerhaft zu Wählern werden, bleibt abzuwarten – kommen nämlich anders als die Grünen aus allen Schichten der Bevölkerung. Neben Hochschulabsolventen befinden sich unter ihren Sympathisanten auch Haupt- und Realschüler, neben „Reichen" auch „Arme", neben Selbstständigen und (allerdings im Vergleich zu den Grünen wenigen) Beamten auch Arbeiter. Und anders als die Grünen in ihrer Anfangsphase werden die Piraten derzeit nicht nur von jungen Wahlbürgern, sondern auch von der Gruppe der 30- bis 59-Jährigen gewählt. Zudem kommen die Piraten – anders als die Grünen – aus der politischen und gesellschaftlichen Mitte. Die Piraten wurden bei den bisherigen Wahlen, bei denen sie kandidierten und in die jeweiligen Landesparlamente einzogen (Berlin, Saarland, Schleswig-Holstein und Nordrhein-Westfalen), auch von Erst- und Jungwählern gewählt, die früher zu den Grünen tendierten.

Im Gegensatz zu den Piraten, die eine „Mini-Volkspartei" darstellen, werden die Grünen auch 2013 bei der nächsten Bundestagswahl mit hoher Wahrscheinlichkeit wieder überwiegend von den oberen Bildungsschichten in den alten Bundesländern gewählt werden. Überproportional finden sich unter ihren Wählern auch im nächsten Jahr Frauen mit weiterführender Schulbildung in mittlerem Alter sowie Beamte – vor allem die des höheren Dienstes.

Ob die Grünen neben ihrer Beteiligung an derzeit fünf Landesregierungen auch wieder an der nächsten Bundesregierung beteiligt sein werden, bleibt abzuwarten. Dabei sind die Chancen für eine schwarz-grüne Bundesregierung unter Angela Merkel nach den Umfrageergebnissen ein gutes Jahr vor dem Wahltermin 2013 größer als für eine rot-grüne Regierung mit einem sozialdemokratischen Kanzler.

Sollte es 2013 zu einer schwarz-grünen Regierung kommen, dürfte interessant werden, wer durch diese Koalition geschwächt bzw. gestärkt wird. Bislang hatten ja – mit Ausnahme der SPD in Niedersachsen unter Gerhard Schröder – alle Bündnispartner der Grünen mehr oder weniger deutliche Verluste ihrer Wählersubstanz zu verzeichnen. Auf der anderen Seite aber sind auch die bisherigen Koalitionspartner der Merkel-CDU – von 2005 bis 2009 die SPD und seit 2009 die FDP – in der Regierungsarbeit stark dezimiert worden – ein Schicksal, das nach 2013 auch den Grünen drohen könnte.

Unabhängig aber von der Frage, ob die Grünen auf Bundesebene nach 2013 wie seit 2005 weiter in der Opposition bleiben oder aber wieder Regierungspartei werden bzw. ob die Grünen nach einer möglichen Koalition mit der Union die Union schwächen oder selbst geschwächt werden, werden die Grünen noch lange der politischen Landschaft in Deutschland erhalten bleiben. Zwar wird der Zustrom von Erst- und Jungwählern zu den Grünen nicht zuletzt dank der Piraten, die in dieser Wählergruppe frischer und lebendiger wirken als die alt und etabliert gewordenen Grünen, deutlich zurückgehen. Doch diejenigen, die vor 30 Jahren in ihren Studientagen zur grünen Bewegung gefunden haben, bleiben der Partei ihr Leben lang treu – unabhängig von ihren individuellen Karrieren in der Gesellschaft. Insofern dürfte es noch viele Jahre dauern, bis die Kohorte der Generation der grünen Wähler wieder aus der Gesamtheit der Wahlberechtigten herauswächst.

Dank

Das vorliegende Buch habe ich zum größten Teil auf der dänischen Insel Bornholm geschrieben. Hier hatte ich im September 2011 miterlebt, wie sich an der Wahl zum Folketing, dem dänischen Parlament, so viele Dänen (87,7 %) beteiligten, wie seit 27 Jahren nicht mehr, während in Deutschland die Wahlbeteiligung auf allen politischen Ebenen seit Jahren drastisch zurückgeht. Mir fiel zudem auf, dass es in Dänemark keine den deutschen Grünen vergleichbare Partei gibt. Ob da nun ein direkter Zusammenhang besteht oder nicht – bemerkenswert ist dieser Umstand allemal.

Der Verleger Manuel Herder drängte mich dann, meine Beobachtungen zur grünen Partei in Deutschland in einem Buch zusammenzufassen. Dass dies dann auch realisiert wurde, dafür sorgte Dr. Patrick Oelze, der Lektor Sachbuch beim Verlag Herder, sehr umsichtig und einfühlsam.

Eine wichtige Datenquelle für meine Einschätzungen der Entwicklung der grünen Partei in Deutschland ist die seit zwei Jahrzehnten Tag für Tag erfolgende Beobachtung der politischen Stimmung im Auftrag von RTL und STERN (und – solange am Markt – auch für DIE WOCHE).

Die Durchführung dieser für Deutschland einzigartigen täglichen Erhebung politischer Stimmungsindikatoren (deren Daten – anders als die der ARD – sämtlich der Wissenschaft zur Verfügung gestellt werden) ist nur möglich durch das große Engagement aller forsa-Mitarbeiter. Stellvertretend für alle möchte ich mich bei Heike Schwaar, Sigrid Beeske, Jens Ullmann und Wolfgang Wiktor, die ich mit meinen Nachfragen nach Daten und mit Wünschen für grafische Gestaltungen beinahe täglich nerve, sowie bei Judith Leicht bedanken, die mich so wie bei meiner gesamten wissenschaftlichen Arbeit auch bei der Erstellung des Manuskripts für dieses Buch unterstützt hat.

Ohne die permanente Anregung, Ermunterung und konstruktive Kritik von Ursula Löffler und Gerhard Christiansen wäre dieses Buch nicht zustande gekommen. Beiden gilt mein ganz besonderer Dank.

Literaturverzeichnis

Ausführliche Literatur- und Quellenverzeichnisse finden sich in den nachfolgend aufgeführten Publikationen von Hoffmann, Klein und Mende, so dass hier nur auf einige besonders wichtige bzw. exemplarische Veröffentlichungen hingewiesen werden soll:

- Die bisher dickste Publikation über die Grünen ist die Monographie von Joachim Raschke, Die Grünen – wie sie wurden, was sie sind, Köln 1993.
- Die umfangreichste und sehr detaillierte Darstellung der Entstehungsgeschichte der Grünen ist die Dissertation von Silke Mende, „Nicht rechts, nicht links, sondern vorn" – Eine Geschichte der Gründungsgrünen, München 2011.
- Der Vereinigungsprozess von Grünen und Bündnisgrünen nach der Wiedervereinigung ist dargestellt in der Dissertation von Jürgen Hoffmann, Die doppelte Vereinigung – Vorgeschichte, Verlauf und Auswirkungen des Zusammenschlusses von Grünen und Bündnis '90, Opladen 1998.
- Eine der ersten Selbstdarstellungen der grünen Bewegung ist der Band von Rudolf Brun (Hrsg.), Der grüne Protest – Herausforderungen durch die Umweltparteien, Frankfurt am Main 1978.
- Eine der ersten analytischen Bestandsaufnahmen über die Grünen ist der Sammelband „Die Grünen – Partei wider Willen", herausgegeben von Klaus Gotto und Hans-Joachim Veen, Mainz 1984.

- Ein Beispiel für die vielen Selbstdarstellungen aus der Reihe der Grünen ist die Dissertation von Hubert Kleinert, Aufstieg und Fall der Grünen – Analyse einer alternativen Partei, Bonn 1992.
- Eine der vielen Publikationen von Politikwissenschaftlern über die Grünen ist das Buch von Markus Klein und Jürgen W. Falter, Der lange Weg der Grünen – Eine Partei zwischen Protest und Regierung, München 2003.

Endnoten

[1] Bossel, Hartmut, Die vergessenen Werte, in: Brun, Rudolf (Hrsg.), Der grüne Protest – Herausforderung durch die Umweltparteien, Frankfurt am Main 1978, S. 7.

[2] Kleinert, Hubert, Aufstieg und Fall der Grünen – Analyse einer alternativen Partei, Bonn 1992, S. 14.

[3] Klein, Markus und Falter, Jürgen W., Der lange Weg der Grünen, München 2003, S. 19f.

[4] Neidhardt, Friedhelm, Einige Ideen zu einer allgemeinen Theorie sozialer Bewegungen, in: Hradil, Stefan, Sozialstruktur im Umbruch, Opladen 1985, S. 193-204.

[5] Klein, a.a.O., S. 16.

[6] Reinecke, Stefan, taz vom 12. November 2009.

[7] Neidhardt, a.a.O., S. 198.

[8] Klein, a.a.O., S. 21.

[9] vgl. Klein, a.a.O., S. 26.

[10] Geldern, Wolfgang von, CDU und Umweltparteien, in: Brun, a.a.O., S. 141-149.

[11] Verheugen, Günter, Die Freien Demokraten und die Grünen, in: Brun, a.a.O., S. 150-160.

[12] Hauff, Volker, Protest und Verzicht – oder wie wollen wir in Zukunft leben?, in: Brun, a.a.O., S. 161-169.

[13] Eppler, Erhard, Ende oder Wende. Von der Machbarkeit des Notwendigen, Stuttgart 1975, S. 9 (zitiert nach Gotto, Klaus und Veen, Hans-Joachim, Die Grünen – Partei wider Willen, Mainz 1984, S. 11).

[14] SPIEGEL-Gespräch mit Erhard Eppler (Nr. 32/1978); zitiert nach Brun, a.a.O., S. 170-175.

[15] Mende, Silke, „Nicht rechts, nicht links, sondern vorn." Eine Geschichte der Gründungsgrünen, München 2011, S. 484.

[16] Mende, a.a.O., S. 484.

[17] Mende, a.a.O., S. 484.

[18] Mende, a.a.O., S. 485.

[19] Mende, a.a.O., S. 485.

[20] Berschin, Helmut, Liebe Freundinnen und Freunde! Über die Sprache der Grünen im Bundestag, in: Gotto, a.a.O., S. 73ff.

[21] Neubacher, Alexander, Ökofimmel – wie wir versuchen, die Welt zu retten – und was wir damit anrichten, München 2012, S. 132.

[22] Neidhardt, a.a.O., S. 199.

[23] Parteimitglieder im Vergleich, Potsdam 2002.

[24] zitiert nach Gotto, a.a.O., S. 132.

[25] Mayer-Tasch, Peter C., Von der Bürgerinitiativbewegung zur Grünen Partei, in: Brun, a.a.O., S. 49.

[26] zitiert nach Gotto, a.a.O., S. 128.

[27] Bericht zur Neuordnung der Parteienfinanzierung, Vorschläge der vom Bundespräsidenten berufenen Sachverständigen-Kommission, Köln 1983, S. 135. Die Höhe der 1978 erhaltenen Wahlkampfkostenerstattung wird bei Klein und Falter bzw. Raschke mit nur 4,5 bzw. 4,9 Millionen DM angegeben.

[28] Mayer-Tasch, a.a.O., S. 49.

[29] zitiert nach ZEIT vom 25.11.1983.

[30] Klein, a.a.O., S. 219.

[31] Neubacher, a.a.O., S. 39.

[32] Neubacher, a.a.O., S. 123.

[33] Neubacher, a.a.O., S. 124.

[34] Neubacher, a.a.O., S. 43.

[35] Neubacher, a.a.O., S. 44.

[36] Neubacher, a.a.O., S. 46.

[37] Neubacher, a.a.O., S. 64f.

[38] Neubacher, a.a.O., S. 80.

[39] Neubacher, a.a.O., S. 35.

[40] Neubacher, a.a.O., S. 74f.

[41] Neubacher, a.a.O., S. 177.

[42] Neubacher, a.a.O., S. 181.

[43] Neubacher, a.a.O., S. 181.

[44] Neubacher, a.a.O., S. 171.

[45] Neubacher, a.a.O., S. 171.

[46] Kleinert, a.a.O., S. 385.

[47] Johannes Teyssen, in: Frankfurter Allgemeine Sonntagszeitung, 18. Dezember 2011.

[48] Neubacher, Alexander, SPIEGEL Nr. 24, Juni 2012.

[49] vgl. Anm. 25.

[50] Ulrich Beck, FAZ vom 14. Juni 2011.

[51] ebd.

[52] Hamburger Morgenpost vom 14. Februar 2011.

[53] Kleinert, a.a.O., S. 388.

[54] Die Einwohnerzahl Duisburgs ist allerdings aktuell unter die Marke von 500.000 gerutscht.

55 Roth, Dieter, Sinkende Wahlbeteiligung – eher Normalisierung als Krisensymptom, in: Starzacher, Karl, Konrad Schacht, Bernd Friedrich und Thomas Leif (Hrsg.), Protestwähler und Wahlverweigerer – Krise der Demokratie?, Köln 1992, S. 68.

56 vgl. Anm. 7.

57 Gotto, a.a.O., S. 7f.

58 Bericht zur Neuordnung der Parteienfinanzierung, a.a.O., S. 135.

59 Dieses Zitat von Leopold Rosenmayr verwende ich seit vielen Jahren in meinen Referaten und Vorträgen; doch ich kann die Fundstelle nicht mehr exakt angeben. Ich habe Leopold Rosenmayr gebeten, mir bei der Suche nach dieser Fundstelle behilflich zu sein.

60 Uwe Günther spricht 1993 (Das Ende einer Fraktion – Eine Reise durch juristisches Niemandsland, in: Kritische Justiz, Vierteljahresschrift für Recht und Politik, Heft 1, 1993, S. 98ff.) von ca. 125 Mitarbeitern der Fraktion und weiteren ca. 125 Mitarbeitern der einzelnen Abgeordneten.